LES PROS
DE LA VIE À DEUX

André Harvey

LES PROS
DE LA VIE À DEUX

COMMENT LE DEVENIR ?
COMMENT LE DEMEURER ?

Editions de Mortagne

Données de catalogage avant publication (Canada)

Harvey, André, 1950-

Les pros de la vie à deux

ISBN 2-89074-824-3

1. Couples. I. Titre.

HQ737.H37 1995 306.872 C95-941087-2

Édition
Les Éditions de Mortagne
250, boul. Industriel, bureau 100
Boucherville (Québec)
J4B 2X4

Diffusion
Téléphone: (514) 641-2387
Télécopieur: (514) 655-6092

Dépôt légal
Bibliothèque nationale du Canada
Bibliothèque nationale du Québec
Bibliothèque Nationale de France
3e trimestre 1995

ISBN: 2-89074--824-3

1 2 3 4 5 - 95 - 99 98 97 96 95

Imprimé au Canada

*Chère Céline,
la plus belle façon
que j'ai trouvé de
remercier la Vie de
t'avoir mise sur ma
route, c'est de
partager avec le
monde les perles
que tu m'as permis
de découvrir.*

TABLE DES MATIÈRES

Avant-propos

Me revoilà devant cette page blanche, sous ce soleil de plomb de la République dominicaine où je me retire parfois pour trouver la paix et l'inspiration nécessaires à l'écriture de mes livres.

Je suis là, me préparant à la rédaction d'un ouvrage sur le couple, et pourtant, je suis seul. Céline, mon épouse, est restée au pays, retenue par son travail d'enseignante. Quel paradoxe! et en même temps quelle merveilleuse occasion de prendre conscience de l'amour qui nous unit, même au-delà des mers... Cette solitude que j'ai tant espérée me pèse déjà sur les épaules, et je n'en suis encore qu'au premier jour! Je décide donc d'écrire à Céline une grande lettre d'amour «personnelle»; je veux lui expliquer cette mélancolie que je ressens du fait qu'elle ne soit pas à mes côtés et la fébrilité qui m'envahit à l'idée de pouvoir bientôt la serrer de nouveau dans mes bras. Sans réserve, je lui ouvre toute grande la porte de mon âme et je me dévoile complètement.

Une de mes amies, qui habite à proximité de mon havre de paix, me propose d'utiliser son télécopieur pour envoyer ma missive. Possédant moi-même un de ces prodigieux appareils à mon domicile, je saute sur l'occasion. Je me dis que, dans quelques minutes à peine, Céline recevra ce compte rendu de mon état d'âme actuel. À cette pensée, je me sens déjà soulagé! Mais la vie, qui en avait décidé autrement, en profita pour nous livrer, elle aussi, son subtil message, tellement plus important...

Je remets donc ma lettre à cette amie pour qu'elle l'expédie le plus rapidement possible au Canada. Ce que je ne savais pas, c'est que cette déclaration d'amour allait presque faire le tour du pays avant d'arriver à destination... Après avoir effectué quelques essais infructueux sur son appareil, mon amie lut mon message et, voyant son importance, elle décida de le transmettre à son bureau de Québec, d'où il pourrait plus facilement être acheminé à mon épouse. Les personnes qui eurent en leurs mains la bizarre lettre en prirent évidemment connaissance. Un peu plus tard, ils la firent parvenir par inadvertance au bureau de mon frère qui travaille avec moi, mais dans un endroit différent. Ce dernier n'eut d'autre choix que de parcourir à son tour la missive, pour finalement la retourner chez moi par télécopieur... où elle tomba dans les mains de mes filles, qui se trouvaient là à ce moment! Ce sont elles qui se sont occupées de la livraison finale. Ouf! il était vraiment temps...

À mon retour de voyage, Céline et moi prîmes conscience de la longueur de la route qu'avait suivie ma déclaration d'amour avant d'arriver à bon port. Nous étions un peu perplexes, mais nous savions que cela n'était pas le fruit du hasard. Pourquoi mes sentiments si intimes envers Céline avaient-ils été ainsi diffusés, et à notre insu par surcroît? La réponse nous vint très rapidement: *la vie voulait tout simplement vérifier si nous étions tous les deux prêts à voir notre vie de couple ainsi dévoilée devant des milliers de personnes à cause de la publication de l'ouvrage que j'étais en train d'écrire.* Après en avoir discuté, nous acceptâmes de relever ensemble ce défi. Nous avons dit un grand «oui» à la vie qui, encore une fois, nous avait si bien respectés en nous permettant de faire cette prise de conscience.

Du fond du cœur, je ne peux que dédier entièrement ce livre à Céline. Je la remercie d'avoir accepté de jouer le jeu et d'avoir secondé mes efforts dans cette quête du bonheur que je propose à tous ceux et celles qui aspirent à devenir un jour des *pros de la vie à deux*.

NOTE DE L'AUTEUR

Le lecteur remarquera que j'emploie parfois les termes *mariage, époux, etc.* C'est peut-être une déformation de ma part, due au fait que j'appartiens à cette génération où toute relation valable devait automatiquement passer par le mariage, ce qui n'est plus le cas aujourd'hui, j'en conviens. Si ces termes ont pour vous une connotation religieuse qui vous agace ou qui ne vous convient pas, remplacez-les tout simplement par des termes comme *union, compagnon de vie, etc.*

Pour alléger le texte, seule la forme masculine a été utilisée.

Introduction

Ce livre rend particulièrement hommage à tous ces vieux routiers de la vie à deux qui, par leur mutuelle persévérance et leur entêtement, sont toujours arrivés à franchir un pas de plus vers la découverte de nouvelles voies pour se rapprocher davantage l'un de l'autre. Ainsi, ils ont pu raffermir les liens qui les unissaient et entretenir, malgré les tempêtes, l'amour authentique qui les animait. Cette constance dans la recherche du bonheur, qu'ils expriment ainsi, ne peut avoir d'autre effet que de tracer la voie aux jeunes tourtereaux de tous âges qui s'apprêtent à s'engager à leur tour dans cette route merveilleuse que constitue la vie à deux

Un jour, un de mes grands amis, probablement en quête d'une nouvelle aventure, m'avoua candidement: «Je vais me marier! Si ça ne marche pas, ce n'est pas grave, je divorcerai, c'est tout!» Vous devez bien vous imaginer qu'avec une telle forme-pensée à la base d'un couple, le glas annonçant la fin de la relation n'allait pas tarder à sonner. Un an s'était à peine écoulé que c'était déjà chose faite. Pour l'épouse, le divorce fut un désastre émotionnel; quant à mon ami, la catastrophe fut plutôt d'ordre financier. Les deux parties en sont évidemment sorties perdantes. Ce qui n'était, au début, qu'un jeu inconscient s'était transformé en un véritable drame. C'est pour éviter ce genre de mauvais départ que j'ai résolu d'écrire ce livre. J'ai voulu ainsi redonner l'espoir à tous ces jeunes couples qui se forment tous les jours et qui ont besoin de savoir qu'ils peuvent éviter de tomber dans les pièges dont plusieurs de leurs pères et leurs mères ont été victimes. J'ai pensé aussi à ces partenaires qui ont déjà fait un bout de chemin côte à côte et qui ont besoin d'une nouvelle énergie, de nouveaux buts à atteindre pour continuer à cheminer ensemble, dans un engagement sans cesse renouvelé et non un simple partenariat.

En l'espace de quelques années, nous sommes passés du strict dogmatisme religieux, où rien n'était permis, à un temps de relâchement total. Il n'y a pas si longtemps, hommes et femmes étaient unis pour la vie, pour le meilleur et — bien souvent, on prenait soin d'insister sur ce fait —, pour le pire. En ce temps-là, l'homme trimait dur, souvent à l'extérieur de la maison, le rôle de «sa» femme se limitant à tenir la maison et à mettre au monde «ses» enfants. Elle devait ensuite les élever, souvent seule et dans de piètres conditions, n'ayant ni le droit ni même le temps d'être malade. C'était ainsi, et personne n'aurait oser s'élever contre cet état de fait, d'ailleurs pleinement supporté par les autorités politiques et religieuses. Un enfant n'attendait pas l'autre! Le rôle du couple était alors de procréer sans maugréer... L'égoïsme étant à proscrire, il ne fallait surtout pas penser à son propre bonheur, ni à l'évolution de son couple! Le divorce était un mot à éviter; il correspondait à une situation inacceptable, impensable, sujette aux plus vils jugements.

Le serment du mariage qu'avaient en un jour prononcé les innocents tourtereaux avait coulé leur existence dans un bloc de béton compact dont ils ne pourraient se libérer qu'au moment de leur mort. Et il était inutile de penser à changer le cours de leur vie avant cette date fatidique, comme si Dieu préférait les voir se décrépir dans leur malheur et souffrir inexorablement. Tout ça parce qu'ils avaient un jour dit oui, au cœur d'une période où ils nageaient dans le bonheur. Les avant-gardistes qui osaient défier cette loi des hommes étaient sévèrement pointés du doigt. Certains risquaient même, déshonneur ultime, l'excommunication.

Cette façon rigide de penser caractérisait très bien l'ère des Poissons que nous terminons actuellement. Elle n'était pas mauvaise en soi, car elle arrivait à maintenir les liens entre les gens en les forçant à poursuivre leur route ensemble malgré les tempêtes qui pouvaient s'abattre sur leur couple. Dans ce temps-là, la vie matérielle prenait toute la place et on n'avait pas le temps d'analyser ses réactions, de se psychanalyser pour tenter de s'améliorer ou simplement pour constater son degré de bonheur ou de malheur. Je me rappelle, il n'y a pas si longtemps, psychologues et psychiatres étaient encore considérés comme les médecins des fous! Les patients qui passaient entre leurs mains étaient automatiquement taxés de malades mentaux, et pour le reste de leur vie. Il était dès lors de beaucoup préférable d'éviter de se poser des questions sur ses comportements et ses états d'âmes, de porter plutôt sa croix avec patience et soumission tout au long de son existence... pour le meilleur et pour le pire.

Ainsi se déroulait bien souvent la vie de couple, dans l'acceptation passive et dans la servitude de la femme envers son homme... C'était peut-être très bien à cette époque, mais aujourd'hui, c'est tout autre chose! Nous entrons dans une nouvelle ère, celle de la compréhension globale des choses, alors que s'établit une nouvelle spiritualité qui viendra combler certains vides laissés par la religion. Le mâle, qui était roi et maître depuis des décennies, a lentement perdu contact avec lui-même. Par la force des choses, il a subtilement développé et transmis à ses fils une certaine habileté, pour ne pas dire une habileté certaine, à refouler ses émotions. Les larmes étaient le lot des faibles... ou de la femme, croyait-on alors! Que de drames auraient pu être épargnés s'ils avaient été suffisamment pleurés... Le rôle de l'homme était celui de «meneur», non celui d'«égal».

Mais, avec le temps — et fort heureusement —, la femme a pris conscience de son importance. Elle a senti qu'elle devait relever ses manches et se mettre au boulot. Il lui fallait diriger sa propre vie et peut-être même celle de l'humanité entière, car celle-ci était tombée dans le laisser-aller chronique qu'avait engendré la soif de pouvoir où la gent masculine s'était enlisée. Soudainement consciente de l'importance de son rôle, la femme se mit alors à s'affirmer, de façon un peu trop draconienne parfois, blessant ainsi l'ego du mâle dominateur. Tout ce qu'elle voulait, c'était prendre sa destinée en main et s'exprimer plus énergiquement. Et arriva ce qui devait arriver. L'homme, qui avait depuis trop longtemps perdu contact avec son monde intérieur, celui de ses émotions, se retrouva confronté à une pénible situation. La femme, qu'il avait connue soumise, se mettait maintenant à le contester! Il lui faudrait donc réapprendre à exprimer ce qu'il ressentait, ce qui était jusque-là le lot de ce qu'on appelle maintenant les «hommes roses».

Tout devenait plus compliqué. La femme demandait soudain des comptes, et l'homme devait s'expliquer, ce qui était tout un changement pour lui, un dépaysement total! Il ne pouvait plus commander comme avant, ni s'imposer par sa seule force physique. Cependant, peu à peu délivrés de leur hermétisme forcé, certains hommes commencèrent à ouvrir quelques brèches dans leur épaisse carapace. C'est alors qu'ils découvrirent, non sans un certain soulagement, qu'ils pouvaient eux aussi ressentir des émotions, qu'ils pouvaient aussi afficher, à l'intention du monde extérieur, leurs faiblesses comme leurs forces. Ils pouvaient enfin se permettre d'être eux-mêmes. Ceux qui acceptèrent de participer à cette ouverture se permirent de pleurer, de prononcer de sincères «Je t'aime», de partir à la conquête de leurs amours perdues, de revoir complètement leur engagement dans leurs relations amoureuses. Ils devinrent rapidement des précurseurs pour tous ceux qui n'osaient pas encore... se soumettre à cette nouvelle réalité.

Mais, hélas! l'armure de certains hommes était trop épaisse pour qu'ils acceptent le voyage intérieur que la vie les incitait à faire. De malheureuses surprises les attendaient au bout de la route. Bien souvent, leur relation à sens unique en vint peu à peu à s'effriter. Leurs limitations devinrent vite des boulets aux pieds de leurs compagnes. Ces dernières étaient prêtes à s'envoler, mais elles ne pouvaient le faire à cause du poids qui les maintenait constamment au ras du sol.

Ce vent de libération souffle de plus en plus fort maintenant, entraînant avec lui les cœurs légers qui ont la sagesse de s'y abandonner. Les temps ont changé, et rien n'est plus ni ne sera plus comme avant. L'ère du Verseau que nous amorçons est celle de la quête intérieure, de l'évolution spirituelle à tous les niveaux. C'est l'ère de la femme qui a commencé, depuis quelques décennies, à s'intéresser à la connaissance spirituelle. Elle s'est rapidement ouverte à son monde intérieur, évitant ainsi beaucoup de souffrances causées par les émotions refoulées. Elle a pris une longueur d'avance sur l'homme qui, trop préoccupé par ses affaires personnelles, refusait souvent de «perdre» son précieux temps à accompagner sa femme dans sa quête intérieure de sagesse. Cette soudaine pulsion à vouloir grandir a pris tout le monde par surprise. Ni l'homme ni la femme n'a vu venir le coup!

Avant, tout était si facile! La religion venait trancher toutes les questions existentielles de ses ouailles avec la lame acérée de ses dogmes, mais maintenant, elle semble ne plus pouvoir répondre aux interrogations nouvelles des chercheurs de vérité. Sa morale, souvent rigide et sans souplesse, ne permettait pas aux gens de se poser des questions. Un petit sermon sur la fidélité conjugale suffisait à apaiser les doutes et à remettre tout le monde sur le droit chemin... En ce temps-là, les gens n'en demandaient pas plus. Chacun reprenait alors rapidement le train-train quotidien, sans mot dire: la femme retournait à ses fourneaux, refoulant en elle toutes les émotions négatives qui surgissaient, la plupart du temps à son insu, tandis que l'homme trouvait, trop souvent dans l'alcool, le courage nécessaire pour les exprimer, hélas et bien souvent, par la violence.

Ceux et celles qui ne pourront réussir à dépasser ce stade limitatif de compréhension appartenant déjà au passé ne pourront survivre longtemps dans ce monde où tout s'ouvre autour d'eux. L'ère que nous amorçons est celle de la communication, et les gens n'auront d'autre choix que d'ouvrir leur cœur à des dimensions plus élevées. Encore maintenant, le divorce est souvent la tentation première et la solution la plus facilement envisageable pour contrer cette baisse d'énergie qui s'est installée dans leur relation. Pourtant, ce n'est pas de leur faute, clament les couples qui n'ont pas su établir un minimum de communication entre eux. C'est plus fort qu'eux, disent-ils; ils n'ont jamais appris à s'exprimer, ils ne peuvent se parler de ce qu'ils ressentent.

C'est normal qu'ils se soient perdus en chemin. Eux-mêmes ne se comprennent plus; alors comment comprendre l'autre? Ils attribuent donc, plus souvent qu'à leur tour, la responsabilité de leur propre déchéance à leur conjoint. Un jour, celui-ci n'en pourra plus et il n'aura d'autre choix que de couper le cordon, ou plutôt la chaîne, qui l'empêche de s'envoler vers un plus grand bonheur.

Dans notre monde moderne, la servitude des femmes par rapport à leurs maris est maintenant chose du passé. Se sentant investies par leur nouveau rôle de semeuses de paix, beaucoup d'entre elles n'ont eu d'autre choix que de couper les liens qui les retenaient à leur ancienne vie de femme soumise. Quant à leurs hommes, nombreux sont ceux qui n'ont pas eu le courage de les suivre dans leur quête de spiritualité. Mais comme, dans la vie, l'équilibre et le juste milieu sont les conseillers les plus sûrs, certains «amoureux inconditionnels» commencent déjà à mettre l'épaule à la roue pour ramener la sérénité dans ce monde où les relations de couple peuvent sembler, pour certains, une situation vouée à l'échec.

La vague de divorces qui s'est abattue sur l'humanité et qui a provoqué une hécatombe parmi les couples est en train de porter ses fruits. Les hommes et les femmes qui recherchent une plus grande maturité spirituelle se regroupent lentement. L'équilibre est en train de se rétablir et l'espoir, de renaître. Ces couples commencent à se rendre à l'évidence que leur relation passée, qu'ils avaient longtemps considérée comme un échec, est en train de se transformer en une expérience positive. Celle-ci leur servira de base pour expérimenter une nouvelle façon d'aimer, parce qu'ils auront justement su persévérer et en tirer les leçons appropriées.

Ce livre se veut un recueil d'outils précieux pour les gens qui ont un réel désir de reprendre contact avec la merveilleuse aventure de la vie à deux. Il représente un espoir pour tous ces êtres qui, mus par une maturité croissante, désirent cheminer ensemble sur la magnifique route qui leur permettra de s'enrichir de leurs expériences mutuelles et de distribuer ensuite autour d'eux les perles qu'ils auront ainsi fait naître en leur cœur.

Cet ouvrage cherche également à rassurer tous ces jeunes qui ont grandi dans un monde d'incompréhension et qui ont essayé, du mieux qu'ils le pouvaient, de se maintenir en équilibre au centre de la guerre qui sévissait entre les personnes qu'ils aimaient le plus au monde: leur père et leur mère. Ces enfants, élevés tant bien que mal au milieu du large fossé qui séparait leurs parents, ont eux aussi besoin de comprendre ce qui s'est passé afin de ne pas recréer la même situation dans leur future vie d'adulte. Ce livre veut leur dire en toute simplicité que l'amour existe toujours; qu'il s'est peut-être égaré dans la génération qui les a précédés, mais qu'ils peuvent le reconquérir et le rebâtir maintenant à leur gré, et à leur propre image. Les jeunes doivent comprendre pourquoi le vent du divorce a soufflé si fort sur la génération de leurs parents. Ils doivent profiter au maximum du grand nettoyage qui s'en est suivi, afin de reprendre les rênes de leurs relations amoureuses dans un monde désormais plus ouvert à la communication.

Les enfants d'aujourd'hui commencent déjà à s'exprimer plus facilement! Les garçons ont maintenant le droit de pleurer et d'exprimer leurs émotions autrement que par la violence. Déjà, pour plusieurs, la situation conflictuelle vécue par leurs parents leur a permis d'acquérir un meilleur discernement de ce qui était juste ou non. Les enfants du divorce ont appris, par la force des choses, à peser plus facilement le pour et le contre des relations entre les humains, et ce, avec la plus grande neutralité possible. Ils sont capables de se retrouver face à eux-mêmes et de reconnaître que, dans toute situation, ils sont les seuls responsables de leur bonheur. La majorité de ces enfants n'ont pas eu d'autre alternative que de se créer leur propre monde, un monde où ils se sentent bien et où personne d'autre qu'eux-mêmes ne portera la responsabilité d'assurer leur sérénité intérieure.

Cet ouvrage se veut à la fois une lueur d'espoir pour la génération nouvelle et un hommage à ceux et celles qui ont su s'élever «ensemble». Ces derniers ont profité de la tempête qui a déferlé sur le monde pour se serrer les coudes et s'engager davantage, développant ainsi une maturité à toute épreuve.

Ce que je vous livre ici, sans aucune prétention, en toute simplicité et sans craindre le lendemain, est le fruit de plus de vingt années de cheminement personnel et de couple que nous avons traversées, mon épouse Céline et moi, et dont nous commençons enfin à profiter pleinement. Mon souhait le plus cher est que vous puissiez, à votre tour, en tirer profit, et ce, à partir de maintenant.

Mettre de l'eau dans son vin ou la sagesse des compromis

Tant de gens entreprennent une vie de couple en ayant la ferme intention de faire changer l'autre, de l'avoir à l'usure s'il le faut en lui imposant ses propres valeurs et ses propres façons de faire. Mais, hélas! cette recherche souvent inconsciente de pouvoir ne peut amener l'égalité et le respect entre deux êtres. La maturité d'un couple se voit souvent à la sagesse et à l'humilité dont les deux composantes font preuve quand vient le temps de faire des compromis. Il est normal, et parfaitement humain, de penser que l'on a raison, que notre façon de faire est sans doute la meilleure. Mais ce que l'on a tendance à ignorer, c'est que l'autre a aussi un bagage bien à lui, un bagage qu'il a accumulé avec les années. Il possède sa propre façon de fonctionner dans les différentes situations de sa vie.

Quand deux personnes décident de vivre ensemble, elles apportent chacune, en même temps que leurs habitudes particulières, leurs certitudes et leurs croyances mutuelles. Ce sont là deux entités bien différentes, qui doivent apprendre à en former une troisième, le couple, laquelle entité sera, elle aussi, bien distincte des deux premières. Le défi sera dès lors de trouver des méthodes de fonctionnement communes tout en respectant l'autonomie de chacun. L'enjeu est grand, et l'avenir du couple dépendra de la facilité et de la volonté d'adaptation de chacun de ses éléments.

Combien de fois ai-je entendu dire ou ai-je moi-même fait remarquer, au début de ma relation avec Céline: «Je suis une personne unique. Mon conjoint doit me prouver son amour en m'acceptant comme je suis. Ce n'est pas à moi de faire des compromis. J'en ai assez fait dans le passé. Maintenant, c'est à son tour», etc. Il est bien évident, comme je l'ai mentionné au début de ce livre, qu'une volonté mutuelle de grandir doit animer les deux personnes composant un couple. La sagesse des compromis doit absolument s'effectuer dans les deux sens, sinon ce sera peine perdue. Les compromis doivent venir des deux côtés; c'est la règle d'or indispensable au succès de cette démarche commune. Chaque problème qui surgit entre deux parties, et ce, à tous les niveaux, professionnel, politique ou personnel, comporte une solution qui se trouve souvent à mi-chemin entre les deux positions adverses. La société nous a enseigné qu'il fallait constamment négocier et tirer la couverture de notre bord afin d'obtenir le plus d'avantages possible de la part des autres. C'est malheureusement ce que nous reproduisons dans notre couple. On négocie, non pas dans le but de trouver un point d'entente commun, où chacun sera susceptible de gagner et de perdre également, mais afin de tirer le maximum de bénéfices de l'autre, sans se soucier si ce dernier ne se retrouvera pas, au bout du compte, spolié dans ses droits.

La sagesse vis-à-vis des compromis se développe peu à peu, et à coups de bonne volonté, chez les pros de la vie à deux. Elle consiste à rechercher constamment la solution mitoyenne, celle-ci qui, finalement, fera gagner tout le monde, qui deviendra une nouvelle force au lieu de pénaliser l'une ou l'autre des parties. Cette science des compromis demande une volonté mutuelle de grandir. Elle ne peut se faire à sens unique, sinon elle ne ferait qu'élargir le fossé entre les partenaires. C'est d'ailleurs une des causes de bien des séparations et de bien des divorces dans la société. Il ne faut donc jamais profiter de la faiblesse de l'autre pour en tirer des avantages, car à la longue, cette situation nuit à l'égalité dans la relation et tue dans l'œuf le respect nécessaire au développement harmonieux de celle-ci.

Mais, me direz-vous, que faire si mon conjoint n'est pas conscient, s'il n'est pas éveillé à cette réalité? La réponse est simple: soyez opportuniste. Semez en lui des graines quand vous sentez que le terrain est propice, quand il est «dans son cœur». Saisissez chaque ouverture de sa part pour lui exprimer votre désir de faire avec lui un autre pas en avant. Faites-lui voir, par la même occasion, tous les avantages qui découleront de cette démarche mutuelle: une plus grande complicité, un respect plus profond, un amour qui ne cessera de grandir, etc.

Voici une autre façon d'éveiller la conscience de votre conjoint: lorsque celui-ci vous présente une requête et qu'il s'attend à une réaction négative de votre part, surprenez-le en changeant votre fusil d'épaule. Dites-lui que vous êtes prêt à faire un bout de chemin vers lui, à condition qu'il fasse de même avec vous. Par exemple, si votre compagnon désire aller jouer au golf durant une journée entière et qu'il s'attend à une quelconque opposition de votre part, proposez-lui d'y aller pendant une demi-journée et de passer le reste du temps avec vous. Vous pouvez aussi le laisser aller et profiter de l'occasion pour sortir de votre côté et faire des activités qui vous sont propres. Partez du principe qu'il y a toujours une solution à chaque problème, qu'elle se trouve souvent là, tout près, et que toutes les personnes concernées doivent en faire partie.

On dit souvent que la communication est ce qui manque le plus dans les relations de couple, et c'est vrai. Le dialogue simple et sincère peut faire des miracles. Il arrive à desserrer les nœuds qui se sont créés avec les années et, en peu de temps, il les fait disparaître complètement.

Au tout début de ma relation avec Céline, j'étais plutôt refermé sur moi-même. Je n'osais pas me dévoiler à elle, de peur qu'elle ne découvre en moi quelque côté secret plus ou moins sombre. Le dialogue entre nous était plutôt restreint, mais, peu à peu, la sagesse et la simplicité que je percevais en elle ont créé les conditions propices pour que j'accepte de m'épancher. Je lui fis de plus en plus confiance et lui permis de découvrir qui j'étais vraiment. L'huître que j'étais se mit à s'ouvrir lentement, et, à ma grande surprise, je me révélai à moi-même en même temps que j'ouvrais mon cœur. C'est alors que le véritable dialogue s'est engagé entre nous et que nous avons appris à nous connaître vraiment. Si je m'étais obstiné à rester enfermé dans ma carapace, nous ne serions probablement plus ensemble aujourd'hui.

Il vaut vraiment la peine de faire un effort pour chercher le compromis qui fera de vous deux gagnants au lieu de deux perdants. Vous verrez alors la vie se dédramatiser énormément, entre vous et autour de vous. Prenez toujours le temps de demander à l'autre ce qu'il est prêt à modifier dans ses demandes; vous serez très souvent surpris par ses réponses. Les points qui vous dérangent le plus sont peut-être sans importance pour lui! Mais quand on ne demande rien, on n'obtient rien! On peut ainsi rester des années à se bouder pour des choses insignifiantes!

Par ailleurs, il est très important de ne pas se laisser arrêter par un premier refus de son vis-à-vis. Souvent, une personne se sent accusée ou attaquée lorsqu'on lui parle de mettre de l'eau dans son vin. Ce sont simplement ses vieilles peurs — la peur de perdre quelque chose — qui s'expriment alors. Donnez-leur le temps de s'estomper. Quand le calme sera revenu, et au moment que vous jugerez propice, expliquez-lui la raison de votre démarche. Précisez que vous ne désirez pas lui enlever quoi que ce soit, mais que vous voulez plutôt bâtir un pont entre vous, établir un point d'entente qui vous satisfera tous les deux. Faites confiance à l'autre. Dès que la bonne volonté et la voix de leur cœur montrent le bout de leur nez, d'étonnants miracles peuvent se produire... et ils ne sont pas si difficiles à obtenir.

En toute circonstance, faites un pas de plus l'un vers l'autre, et insistez pour que ce pas soit mutuel. Ne vous perdez pas dans des guerres d'ego à n'en plus finir, alors que le mental s'exprime au détriment du cœur. Ces luttes ne mènent qu'à la destruction du couple, à plus ou moins brève échéance. Les compromis ne sont pas là pour abaisser les deux parties, mais pour les élever vers une nouvelle entente. Cette science des compromis est ce que la société a le plus besoin de développer. Elle est peut-être le secret des gouvernements de demain. Et comme ceux-ci sont le reflet des gens qu'ils dirigent, c'est nous qui devrons, en tout premier lieu, changer notre façon de gérer nos conflits si nous voulons que la société en général emboîte le pas et atteigne un jour sa pleine maturité.

Éviter qu'une tierce personne nous éloigne l'un de l'autre

Comme la plupart des jeunes mariés, les premières années de notre relation, à Céline et à moi, furent merveilleuses. L'amour nous unissait, et rien d'autre au monde ne comptait plus. Nous vivions l'un pour l'autre, sans peur du lendemain, dans l'insouciance de la jeunesse et de l'amour qui ne craint rien ni personne. Vint alors le premier enfant; notre relation prit alors une tout autre dimension. Elle ne se détériora pas, mais devint très différente. Une troisième personne était là, qui demandait également de l'amour, celui-là même qui nous était jusqu'alors réservé presque exclusivement. Nous dûmes nous adapter et partager désormais cet amour entre trois êtres.

Lorsqu'un couple se forme, les énergies de deux individus distincts se fusionnent pour en former une troisième, qui deviendra l'énergie du couple, laquelle est différente des deux premières. Le début de la relation sert justement à établir des bases solides à cette force qui naît lentement de la fusion de ces énergies. Elle a besoin de temps pour se raffermir et se différencier des autres. Plus un couple s'aime et devient conscient de cette troisième force, issue de leurs deux identités propres et portant en elle les caractéristiques de chacun, plus il pourra atteindre une maturité à toute épreuve. Cette énergie de couple permettra, par exemple, aux deux conjoints de passer plus facilement à travers certaines tempêtes qu'ils n'auraient jamais pu affronter, séparément. On peut vraiment constater la puissance de cette énergie lorsqu'un couple perd un enfant ou qu'il doit se relever d'un désastre financier. Séparément, cet homme et cette femme ne sont rien; ensemble, ils peuvent tout! C'est alors que l'on voit se lever les véritables pros de la vie à deux. Quand on a su reconnaître et faire grandir cette énergie de couple, tout devient possible, et tellement facile! On se doit donc de garder cette flamme bien allumée entre nous, et de ne laisser personne en atténuer la lumière.

Bien souvent, après la passion des premières années, on se laisse trop facilement éloigner l'un de l'autre: nos enfants, nos amis, nos parents prennent parfois un peu trop de place. Si, par exemple, nous laissons les enfants occuper toutes nos heures disponibles durant la journée, nous délaissons notre mission première de couple. Nous devenons alors de simples parents qui effectuent leurs tâches chacun de leur côté et cessent d'être des complices engagés l'un envers l'autre. Ces parents se retrouvent le soir au lit, épuisés, chacun dans sa petite coquille qui devient, par la force des choses, de plus en plus hermétique.

L'énergie de couple a donc besoin d'être constamment nourrie. Cette troisième force, qui est née de la fusion des énergies originelles de deux compagnons de vie, doit être reconnue et entretenue coûte que coûte. Le couple a besoin de se retrouver régulièrement, par la sexualité ou par la simple présence «consciente» de l'un et de l'autre. Même si les enfants occupaient beaucoup de place dans notre vie, à Céline et à moi, il était essentiel qu'à certains moments, nous nous réservions du temps bien à nous. Régulièrement, nous prévoyions de petites vacances à deux, juste pour reprendre contact et recharger notre énergie commune. Tout allait si bien par la suite.

Il ne faut pas non plus tomber dans l'autre extrême et ne vivre que pour soi. Ne laisser personne s'immiscer entre les deux conjoints ne veut pas dire qu'il faille s'enfermer dans une tour d'ivoire et s'isoler de tout. Ce qui importe, c'est de permettre à ces âmes de se retrouver et de fusionner ensemble, ne serait-ce que quelques minutes par jour. L'équilibre et le juste milieu en tout constitue, selon moi, la loi la plus importante de tout l'univers.

Prenez donc conscience des gens et des événements qui ont eu ou ont tendance à vous éloigner l'un de l'autre. Essayez d'en discuter avec votre conjoint, avec le plus de neutralité possible, sans accuser qui que ce soit ni mettre sur les épaules de l'autre toute la responsabilité. Faites-en un jeu, tout simplement. Dans les relations de couple, il est tellement important de ne jamais attaquer l'autre et d'éviter les dialogues du genre «tu,tu,tu»: Tu as fait ceci, tu me causes tant de peine, tu es responsable, etc. Exprimez plutôt à votre conjoint les sentiments que vous ressentez devant telle ou telle situation, au contact de telle ou telle personne.

Lorsqu'on parle de ses propres émotions, personne ne peut prétendre que l'on ne dit pas la vérité. C'est seulement lorsqu'on accuse les gens d'être responsables de nos malheurs que ceux-ci peuvent tout rejeter et tout nier, fermant ainsi la porte à la discussion. L'important n'est donc pas de se retirer de la société ou de former une cellule hermétique, où personne ne pourra entrer. Il s'agit plutôt de reconnaître l'existence d'une énergie de couple, issue de deux forces individuelles, et de prévoir régulièrement des temps d'arrêt pour reconnaître et nourrir cette énergie! Alors, peu importent les gens ou les situations qui pourront venir s'interposer entre les deux partenaires, il y aura toujours cette fusion des âmes qui pourra venir les renforcer chaque fois qu'ils en auront besoin

Est disponible... qui le veut bien!

Je me suis longtemps demandé pourquoi certains hommes pouvaient être entourés de femmes et n'avoir pourtant avec elles que des relations d'amitié, tandis que d'autres ne pouvaient jamais en rester à ce niveau. Pourquoi moi-même, qui travaille constamment avec une majorité de femmes, ne suis-je jamais tombé dans ce piège d'aller plus loin dans mes relations avec elles? En d'autres mots, est-ce que toute relation entre un homme et une femme doit forcément se terminer au lit? Un jour, deux amies avec lesquelles je prenais le repas du midi se posaient la même question. Elles se demandaient s'il pouvait exister une véritable relation d'amitié entre un homme et une femme sans que le côté sexuel fasse un jour ou l'autre son apparition. Les deux semblaient penser que cela n'était pas possible. «Alors, rétorquai-je, comment se fait-il que l'on se connaisse depuis tellement d'années et que nous soyons encore de grands amis, sans que notre relation ait été plus loin?» Nous en arrivâmes à la conclusion que c'était une question de disponibilité. La relation d'amour que je vivais avec Céline ne me rendait pas disponible aux autres, et cela se reflétait simplement sur mes énergies. À mon contact, les femmes sentaient instinctivement tout cet amour exclusif qui m'unissait à ma compagne. La situation devenait dès lors très claire sans que j'aie besoin de prononcer une seule parole. Les cœurs ouverts savent très bien capter ces choses. C'est l'intellect qui s'amuse à brouiller les cartes!

Si une personne est le moindrement disponible pour une aventure, si sa vie de couple ne la comble pas, si elle croit, inconsciemment, qu'une relation plus intéressante l'attend ailleurs, elle attirera les gens et les événements qui pourront combler ses attentes profondes. La vie se chargera de répondre à ses désirs, tout simplement.

Je me souviens encore parfaitement de notre première rencontre à Céline et à moi. J'ai alors immédiatement compris, du plus profond de mon être, que notre relation pourrait durer toute la vie. Aussi ai-je décidé de faire tout en mon pouvoir pour que cela se réalise. Je n'ai jamais laissé le moindre doute s'infiltrer dans mon esprit et venir briser mes espoirs. J'ai passé plusieurs années à entretenir cette certitude et, par le fait même, celle-ci s'est enracinée en moi. Ma situation et mes aspirations amoureuses devinrent désormais très claires pour ceux qui m'entouraient. Aussitôt que je sentais mon idéal menacé, je dressais les barrières nécessaires, ou plutôt celles-ci s'installaient d'elles-mêmes, tout naturellement. Ce qui ne veut pas dire qu'une séparation ne pourrait se produire. Ma compagne a aussi son mot dire dans ce qui a trait à notre relation, et je l'aime assez pour lui laisser le choix de façonner elle-même son bonheur. La seule personne dont je sois absolument sûr, c'est de moi-même, et je me respecte suffisamment pour donner ce même privilège à ceux qui m'entourent. Ainsi donc, comme je ne suis pas disponible pour les autres femmes, je peux établir avec elles de solides liens d'amitié. Et aussitôt que certaines limites sont atteintes, la vie se charge de provoquer les situations qui pourront rétablir l'équilibre.

Je me souviens d'un de mes grands amis qui m'avait un jour avoué que dès les premiers jours de son mariage, il avait déjà ressenti certains doutes quant à son désir de s'engager pour la vie avec sa compagne. Ces réticences se sont subtilement précisées avec les années, si bien qu'elles ont fini par attirer les événements qui ont amené, beaucoup plus tard, la libération que mon ami avait pressentie au départ. À son insu, il s'était mis disponible; la vie s'était chargée du reste, et c'était très bien comme ça!

Prenez donc un peu de recul vis-à-vis de votre vie ainsi que vis-à-vis des relations que vous avez vu se défaire autour de vous. Est-ce que, dans le fond, cette disponibilité n'aurait pas été présente, d'une façon ou d'une autre, chez vous ou chez les autres? Parmi les couples que vous connaissez et qui ont toujours su se retrouver, même après avoir essuyé les pires tempêtes, quel serait, selon vous, leur degré de disponibilité? Ouvrent-ils leur porte à quiconque veut entrer?

Donc, partez du principe que, si vous êtes disponible, vous courez la chance — ou le risque — d'être un jour ou l'autre réclamé... Si vous optez pour la fidélité, votre engagement sera clairement perçu autour de vous. La confiance que vous aurez en vous-même s'en trouvera d'autant renforcée. Vous cesserez alors de vous battre, pour simplement «être». Mais il ne faut pas non plus se leurrer et croire que cela se fera tout seul. Cet état d'âme se cultive; il n'apparaît pas, hélas! comme par magie, du jour au lendemain. Même si, aujourd'hui, vous éprouvez certains doutes quant à la profondeur de votre relation avec votre conjoint, soyez conscient que ces doutes peuvent n'être que temporaires. Demandez-vous quelle en est l'origine et ce que vous pourriez faire pour qu'ils s'estompent peu à peu. Lorsque deux êtres font montre de la maturité nécessaire pour se parler ouvertement de ce qu'ils attendent réellement l'un de l'autre, lorsqu'ils s'acceptent comme ils sont, ils ne sont plus disponibles pour d'autres relations. L'amour qui en découle dégage une infinie pureté!

Cultiver le respect mutuel de ses croyances

Après avoir consacré plusieurs années à observer ce qui se passait autour de moi, j'ai pu distinguer trois sortes de couples bien distincts. Il y a d'abord ceux qui ont le bonheur d'être sur la même longueur d'ondes, qui cheminent ensemble sur cette large route de l'évolution, à la recherche d'une meilleure compréhension des choses. À cause de leur ouverture d'esprit et leur mutuel désir de s'aimer toujours davantage, ces couples pourront facilement passer, avec succès, à travers les pires tempêtes. Ce sont des pros de la vie à deux. Puis, il y a ceux dont les croyances diffèrent, mais qui acceptent ces différences sans difficultés. Chez ces couples, on constate souvent que l'un des partenaires est engagé dans un cheminement spirituel, tandis que son vis-à-vis ne semble pas s'y intéresser, du moins pas ouvertement. Par contre, ce dernier en arrive toujours à s'informer subtilement de ce que l'autre a appris. Il profite à sa façon, et souvent inconsciemment, de la démarche intérieure de son partenaire. Même s'il ne s'engage pas directement dans la recherche spirituelle, il respecte toujours son conjoint dans ses choix, et quand le respect est là, tout va! Finalement, on retrouve ceux qui sont aux antipodes l'un de l'autre; tous les deux convaincus qu'ils détiennent la vérité, ils s'entre-tuent lentement mais sûrement, par le glaive de leur mutuelle intolérance. C'est alors la loi de la jungle. Le plus fort finit toujours par avoir le dessus sur le plus faible. Ce dernier doit se soumettre et mettre ses croyances ou ses aspirations en veilleuse pour faire plaisir à l'autre. Sinon, lorsque chacun veut rester sur ses positions, la séparation devient inévitable, et elle peut s'avérer très douloureuse.

Lorsqu'un conjoint ne démontre aucun respect envers les croyances de son vis-à-vis, toute discussion devient rapidement inutile et vide de sens, ce qui ouvre la porte à une lutte continuelle de pouvoir: qui a raison? qui a tort? Ce manque de respect et d'ouverture est, selon moi, l'une des causes importantes du grand nombre de divorces que l'on constate actuellement. Le dominant se nourrit constamment de l'énergie du dominé, et ce dernier se retrouve complètement démuni et vidé! Un des membres du couple désire-t-il approfondir «sa» vérité afin de permettre à son bien-être intérieur de s'installer définitivement, qu'il est constamment retenu à terre par le boulet qu'il porte aux pieds et qui devient chaque jour de plus en plus pesant. Souvent la seule solution qui lui est offerte est de briser les chaînes qui l'empêchent de déployer ses ailes. Mais encore doit-il s'assurer que tout a été fait avant d'en arriver à cette ultime issue.

Bien conscients de ces choses, les pros de la vie à deux, quant à eux, ont appris à mettre de l'eau dans leur vin. Ils respectent les croyances et les aspirations de leur conjoint et acceptent avec joie tout ce qui peut rendre l'autre plus heureux, même si, pour eux, cela ne revêt aucune importance particulière.

Un respect allant dans les deux sens est évidemment une chose essentielle, car on ne peut demander à l'autre ce que l'on n'est pas prêt à lui donner soi-même... Les compagnons de vie qui prennent conscience de l'importance de ce respect mutuel peuvent faire une découverte extraordinaire: une troisième force complémentaire, empreinte de tolérance et de liberté, peut en effet naître de leurs croyances respectives. La somme de leurs opinions, même si elles diffèrent les unes des autres, peut former une nouvelle vérité, encore plus complète. Celle-ci viendra alimenter, en temps opportun, les besoins et les questionnements de chacun. La règle d'or à suivre ici pourrait donc être la suivante: peu importe ce que sont les croyances de l'autre, ce qui compte, c'est qu'elles mènent vers une plus grande sérénité et une plus grande liberté.

Les chemins de l'évolution sont tellement diversifiés qu'ils peuvent varier d'une personne à l'autre. Ce qui est bon pour l'un ne l'est pas nécessairement pour l'autre, et cela s'applique à toutes nos relations avec les autres membres de la société. Entre des gens de croyances différentes, le conflit apparaît aussitôt que l'un se croit supérieur à l'autre ou qu'il est convaincu qu'il détient la vérité. Il s'agit là d'un vieux schème de pensée qui nous a été inculqué et qui a été véhiculé par la plupart des religions, lesquelles dénigraient tout ce qui était différent de leurs croyances. Le fameux précepte «Hors de l'Église, point de salut!» n'en est-il pas un exemple frappant? Le jour où vous aurez pris conscience qu'aucun être sur la terre, pas même vous, ne peut détenir à lui seul la Vérité, vous aurez fait un pas immense. Vous aurez permis que naissent en vous la tolérance et le respect pour les croyances des autres; ce sont les plus beaux joyaux que puisse offrir un cheminement spirituel véritable.

Personne n'est donc supérieur à un autre à cause de ce en quoi il croit. Si votre conjoint ne désire pas cheminer à vos côtés dans votre recherche de vérité et de bien-être intérieur, n'en faites pas un drame. Demandez-lui seulement qu'il vous respecte, en même temps que vous lui ferez voir, par votre façon d'être, le bonheur et la simplicité que vous acquérez au long de cette démarche. Montrez-lui qu'on peut être à la fois spirituel et heureux, tout en gardant les deux pieds sur terre. Quand on se prend trop au sérieux, on perd son sens de l'humour et, lentement, on s'aigrit.

Une autre façon d'accorder ses croyances avec celles de son conjoint est de leur trouver des points communs au lieu de se concentrer sur les notes discordantes. À la suite de mes recherches sur les religions, je me suis aperçu que celles-ci avaient beaucoup d'éléments en commun et que leurs buts se ressemblaient énormément. Elles expriment tout simplement leurs points de vue dans un langage et selon des rites différents. Si elles voulaient faire cesser leurs guerres de pouvoir et se consacrer à réunir leurs perles au lieu de les garder religieusement chacune de leur côté dans des coffres-forts hermétiques, la Vérité pourrait peut-être enfin pointer le bout de son nez... La religion se transformerait alors en spiritualité. Si, par ailleurs, nous commencions nous-mêmes à développer le respect entre nous, probablement que la religion et la politique emboîteraient le pas.

Mais, me direz-vous, mon conjoint est fermé comme une huître. Il me permet de cheminer et respecte mes croyances, mais je voudrais tellement lui donner ce que je reçois afin qu'il en profite à son tour! Hélas! il ne veut pas m'écouter. Et si j'essaie de lui en parler quand même, il se sauve... C'est un fait que toute nouvelle croyance dérange, et c'est tout à fait normal. Ceux et celles qui sont habitués à un certain train de vie routinier ne cherchent pas à se poser des questions sur eux-mêmes et sur ce qu'ils vivent. Ils ont une peur bleue de découvrir qui ils sont vraiment. Il est donc facile de comprendre que cela peut être dérangeant de voir quelqu'un qui essaie de transpercer coûte que coûte cette carapace qui les entoure et qu'ils ont mis tant d'années à se façonner. La meilleure façon de les aider serait peut-être d'accepter simplement que ces nouvelles façons de voir la vie peuvent les déranger. Prêchez par l'exemple. Ne défoncez pas les portes, vous vous feriez mal aux pieds... Utilisez plutôt des armes plus subtiles, comme l'humour et l'amour, afin que les cœurs s'ouvrent d'eux-mêmes, au moment où vous vous y attendrez le moins. Soyez patient et tolérant. Vous avez peut-être de la facilité à comprendre les choses, mais certaines personnes peuvent ne pas avoir ça «dans le sang»... Demandez et accordez le respect, c'est tout.

Prenez l'habitude d'attendre que le moment se prête bien au dialogue et expliquez à votre compagnon, sans l'attaquer en aucune façon, ce qui vous dérange dans sa manière d'être, dans ses croyances. Demandez-lui, par la même occasion, de vous communiquer à son tour ce qui l'agace dans votre façon d'agir et de penser. Faites-vous des critiques «constructives» et ne vous laissez pas aller à des jugements hâtifs. Prenez le temps d'écouter l'autre. Il suffit peut-être seulement d'une légère modification dans vos attitudes communes pour que certains nuages s'estompent. C'est ce qui fait la force de la communication. Qui sait? Ça pourrait peut-être marcher pour vous... Faites-en l'essai!

Donner le temps à la confiance de s'installer

Ah! comme le temps a de l'importance pour nous, les humains! Il faut sans cesse le prendre, le donner, le passer... Il est même devenu, pour celui qui sait s'en servir, un outil majeur dans toute relation de couple durable. Quand deux êtres se rencontrent, ils doivent d'abord s'apprivoiser. Ils se jaugent mutuellement, chacun essayant de cacher à l'autre ses côtés les moins reluisants et exhibant plutôt en grande pompe ce qu'il a de mieux. Lorsqu'ils s'aiment, ils ne voient souvent en l'autre que ce qu'il a de plus merveilleux, négligeant parfois de regarder les petits à-côtés plus ternes. Ce n'est qu'après avoir fait un bout de chemin ensemble qu'ils découvriront l'essence même de l'autre et ce qui se cache sous ses habits d'apparat. Heureusement, l'amour qui aura déjà grandi en eux pourra adoucir les aspects moins jolis qu'ils auront pu découvrir. Peu à peu, ils apprendront à s'aimer tels qu'ils sont, et non pour ce qu'ils voudraient que l'autre soit! Leur amour pourra alors devenir beaucoup plus profond, moins superficiel que dans les premiers jours.

La confiance en l'autre fait partie de ces fleurs qui ne poussent pas en un jour. La graine qui est semée à la première rencontre germera ensuite rapidement si elle est bien arrosée par l'amour qui nourrit tout. La première pousse sera fragile; le moindre vent pourra la faire plier, la casser même. Mais l'intensité de l'amour que l'on manifestera lui donnera toute sa force. La confiance se cultive jour après jour, contre vents et marées, malgré les tempêtes. Viendrait-elle à fléchir sous l'effet d'un coup de vent trop violent, elle pourrait se redresser et devenir encore plus forte. Mais pour cela, il faut l'arroser suffisamment, en utilisant l'élixir magique de la compréhension et une volonté mutuelle de grandir.

La confiance en l'autre se bâtit de jour en jour. Elle ne devrait pas être minée à coups de jugements hâtifs, souvent faussés par les émotions. Chacun a ses propres valeurs, lesquelles peuvent différer de celles des autres. Par exemple, le seul fait, pour un homme, d'attarder son regard sur une autre femme peut être perçu par sa conjointe comme un manque de fidélité, alors que, pour lui, il s'agit là d'un comportement tout à fait normal, un simple hommage à la beauté. Qui peut prétendre connaître suffisamment l'autre pour pouvoir juger en toute neutralité quelles sont ses motivations les plus intimes? L'homme et la femme sont en effet très différents dans leur vision des choses. On pourrait dire sans trop se tromper que, dans la plupart des cas, la femme considère les côtés affectif et sexuel comme entièrement et intimement liés dans une relation, tandis que l'homme séparera ces deux aspects. L'homme peut plus facilement assouvir un besoin sexuel sans s'engager émotionnellement, alors que la femme a plus de difficulté à dissocier les deux. Ces différences de perception n'excusent évidemment pas l'infidélité, ce serait trop facile. Mais elles peuvent cependant ouvrir la porte à une compréhension globale plus éclairée d'une situation donnée qui, si elle n'est pas envisagée sous tous ses angles, peut mener directement à une inévitable séparation.

Encore là, la maturité du couple et la communication qui s'est établie à l'intérieur de celui-ci avec les années feront toute la différence. Il devient dès lors primordial de prendre le temps d'expliquer à l'autre ce que l'on ressent quand il agit de telle ou telle façon. Si l'un des partenaires se sent rejeté ou trahi dans une situation particulière, pourquoi n'en informerait-il pas l'autre le plus clairement possible et avec toute l'ouverture d'esprit dont il est capable? S'il est le seul à connaître ses frustrations, comment peut-il espérer que les choses changent autour de lui? La prochaine étape à franchir, après avoir exprimé ses émotions, consiste à écouter attentivement la réponse de l'autre et à s'ouvrir à son tour à ce qu'il ressent. Hommes et femmes sont tellement différents les uns des autres! Ils doivent continuellement apprendre à se connaître, à s'exprimer mutuellement leurs forces et leurs faiblesses. Ainsi, ils pourront évoluer ensemble au lieu de se battre inutilement l'un contre l'autre, souvent pour des peccadilles.

Ayez donc le courage de faire simplement part à votre conjoint de vos besoins d'exclusivité, si c'est important pour vous. Dites-le-lui en termes clairs et, si possible, avec humour. Évitez à tout prix d'utiliser un ton accusateur.

Le seul fait d'accepter les différences de vision entre hommes et femmes peut ouvrir la porte à la discussion et déboucher sur une compréhension beaucoup plus éclairée. Ainsi, avec les années, la confiance pourra se bâtir, même si d'imprévisibles accrocs sont survenus en cours de route. Cette confiance qui s'établit entre les amoureux véritables sera toujours mutuelle, mais elle ne se situera pas nécessairement au même niveau. Elle se renforcera avec le temps, à l'image du petit enfant qui peut parfois trébucher, mais qui se relèvera chaque fois si on lui donne la chance de faire un pas de plus vers sa maturité.

Reconnaître la fusion des âmes

Un couple de mes amis voyait sa relation ballottée constamment d'une tempête à l'autre. Entre deux coups de vent, ils parvenaient cependant à retrouver un certain calme, et ils reprenaient alors la vie commune, comme si rien ne s'était passé. Ils se menaient une guerre presque continuelle au niveau de l'ego. S'accusant mutuellement d'être la cause de leurs mésententes, ils en venaient à claquer la porte après avoir mené d'interminables discussions. Puis, quelque temps après, quand tous croyaient la rupture définitive, ils revenaient ensemble en douce... et recommencaient le même manège un peu plus tard! On aurait dit qu'une force invisible les ramenait sur la même route afin qu'ils terminent ce qu'ils avaient entrepris et qui devait être réglé coûte que coûte. Ces deux personnes faisaient partie de ces gens qui sont très unis sur le plan de l'âme, mais dont les personnalités — leurs ego — s'entrechoquaient continuellement. Cette force sublime qui les rapprochait toujours était mue par la fusion de leurs âmes.

Imaginez que votre vision se porte au-dessus de ce que voient vos yeux physiques, dans une dimension beaucoup plus élevée. Là se retrouvent les âmes de tous les êtres vivant sur la terre. Chacune de ces âmes est rattachée à un ego, à un être de chair et d'os. Celui-ci a un nom, une adresse, un caractère, une personnalité propre. Son rôle est de vivre des expériences pour en faire bénéficier son âme qui s'en enrichira et s'en servira pour évoluer. Imaginez maintenant que, dans cette dimension supérieure, deux âmes sont enlacées, fusionnées l'une avec l'autre. Quoi que puissent faire les deux êtres humains qui sont attachés à ces âmes, qu'ils se disputent ou filent le parfait amour, les âmes en question resteront toujours très près l'une de l'autre. Tout ce qu'elles veulent ou espèrent, c'est que les deux amoureux finissent par s'entendre et qu'ils continuent de cheminer ensemble harmonieusement. Les âmes ainsi en fusion savent bien que l'amour sera toujours le plus fort et que la personnalité de ces êtres finira un jour ou l'autre par se rendre à la même évidence. Et pour que cela arrive, elles font tout en leur pouvoir pour réunir les «rebelles» et les inciter à continuer leurs classes...

Les ego de deux personnes peuvent donc être très éloignés l'un de l'autre — physiquement comme spirituellement —, mais ces personnes ressentiront toujours, au plus profond d'elles-mêmes, cette attirance mutuelle irrésistible. On dit que les âmes sœurs sont ainsi fusionnées ou en état de l'être, ce qui expliquerait pourquoi leurs ego se recherchent autant, inlassablement, durant toute une vie parfois. Lorsque, enfin, ils se retrouvent, ils peuvent accélérer de façon extraordinaire leur processus d'évolution. Céline et moi avons souvent senti cette fusion au-delà de notre individualité, ce qui expliquerait notre entêtement à vouloir toujours nous surpasser pour garder intacte l'étincelle qui est en nous de même que cette confiance totale que nous nous accordons inconditionnellement.

Si vous avez déjà senti vous aussi, ou si encore vous sentez actuellement cette force présente au-dessus de vous, prenez-en simplement conscience. Au lieu de vous battre contre les arguments de votre intellect qui essaie de vous convaincre que tout se passe dans votre imagination, laissez-vous guider par votre intuition, cette précieuse messagère de votre âme. Donnez-lui le feu vert pour qu'elle vous amène vers ce qui est le mieux pour votre évolution dans votre relation actuelle ou future.

Quand on s'aperçoit que cette fusion spirituelle est bel et bien en train de se faire dans son couple, la confiance devient beaucoup plus facile à accorder. On ne cherche plus à emprisonner l'autre, de peur de le perdre, et on fait confiance à cette puissance spirituelle qui nous unit au-delà de toute compréhension intellectuelle. On arrête également de gaspiller de précieuses énergies dans d'interminables et inutiles combats et on accepte que l'amour qui unit nos âmes soit ce qui nous gardera toujours ensemble.

Quand cette fusion des âmes est réalisée, on peut être séparé de corps durant des jours, sans pour autant souffrir de solitude. Il suffit de s'élever en pensée dans le monde de l'âme, au moyen de la méditation ou de la simple relaxation, pour constater que nos âmes sont bel et bien enlacées et qu'elles ne se sont jamais quittées. La solitude n'est qu'une émotion qui appartient au monde de l'ego. Combien de couples âgés continuent de vivre ensemble, de se parler, de s'aider et de s'aimer même lorsque l'un des deux est décédé? On dirait même que leur union est encore plus profonde. Au-delà du plan physique, ils continuent d'évoluer. Il faut reconnaître et respecter cette fusion spirituelle et comprendre que seuls les ego peuvent être en conflit. Les âmes, elles, sont toujours en état d'expérimentation. Elles grandissent en toute situation! C'est ça, l'évolution.

Il est bien évident que cette fusion des âmes ne signifie pas qu'un des membres du couple doive endurer avec soumission tempête par-dessus tempête, sous prétexte que, de toute façon, les âmes ont cela à vivre! Le fameux «gros bon sens» est encore le meilleur conseiller dans ce genre de situation. Il suffit d'y faire appel. Ce que les âmes désirent fondamentalement, c'est que tout se passe toujours dans le respect mutuel le plus total.

Les êtres qui ont acquis une certaine maturité en ce domaine ainsi qu'une ouverture au monde des âmes pourront faire des pas de géant ensemble. Ils verront dans chaque situation une occasion de grandir et d'éloigner d'eux tout prétexte à une souffrance inutile. La souffrance est un mot qui ne fait pas partie du langage des âmes...

Aimer l'autre pour ce qu'il est et non pour ce qu'il peut nous apporter.

Durant les premières années de notre mariage, Céline me disait parfois, quand elle en avait vraiment ras-le-bol: «Si ça continue comme ça, je fais mes valises et je m'en vais.» Et chaque fois, une grande nostalgie m'envahissait. Une vague de tristesse profonde, venue de je ne sais où, remontait alors à la surface et s'emparait de moi, comme si j'avais déjà connu par le passé les douleurs d'une séparation semblable et en avais ressenti une indescriptible souffrance. À la seule pensée de la voir s'en aller, je perdais tous mes moyens. Baissant les bras, j'agréais sans condition à toutes ses demandes. Je ne m'aperçus que beaucoup plus tard qu'elle n'avait jamais eu réellement l'intention de plier bagage. Sa réaction n'était qu'une sonnette d'alarme, une façon de me crier l'urgent besoin d'amour qu'elle ressentait à ce moment-là.

Un beau jour, après que Céline m'eut lancé encore une fois les mêmes paroles, je me retirai dans ma chambre pour méditer. Une voix intérieure s'éleva alors de ma conscience et me demanda: «Est-ce que tu aimes vraiment Céline?» Je répondis sans hésitation: «Bien sûr, quelle question!» «Si tu l'aimes, poursuivit la voix, tu la veux heureuse à tout prix, n'est-ce pas?» J'hésitai à répondre, sentant bien ce qui allait venir... «Eh bien! si tu l'aimes tellement, si tu l'aimes vraiment, accepterais-tu de la laisser partir au bras d'un autre homme, sachant que celui-ci pourrait lui apporter un bonheur plus grand que celui que tu peux lui offrir toi-même?» Je restai bouche bée, tentant de bien saisir le sens exact de cette dernière question. Celle-ci revêtait une importance capitale, et je le savais trop bien. Est-ce que j'aimais Céline seulement pour ce qu'elle pouvait m'apporter, pour la sérénité qu'elle mettait dans ma vie ou l'aimais-je pour elle-même, sans aucune attente? Est-ce que je la voulais heureuse ou était-ce mon propre bonheur qui primait? Soudainement, tout devint clair en moi. Avec un grand cri du cœur, je répondis sans hésitation: «Oui.» Ce fut une des réponses les plus cruciales de ma vie.

Oui, en toute conscience et honnêteté, j'étais prêt à la laisser partir vers un plus grand bonheur, même si ce bonheur devait venir de quelqu'un d'autre. Je savais que je m'en remettrais rapidement, la sachant plus heureuse. J'allai donc rejoindre Céline et lui fis part de ce que je venais de vivre, de ce que j'avais ressenti à son égard. Je lui donnai le droit de partir, si c'était ce qu'elle désirait. En retour, je lui demandai qu'elle ne me fasse plus de telles menaces. Nous tombâmes dans les bras l'un de l'autre. Tout était effacé. À partir de ce moment, Céline n'eut plus besoin d'avoir recours à cette façon de me crier son besoin d'attention. Grâce à cet incident, nous nous sommes aperçus que notre amour allait bien au-delà de ce que nous pouvions nous apporter l'un l'autre. Nous nous aimions; un point, c'est tout!

Cette expérience m'a appris à sentir la différence entre l'amour désintéressé et l'amour intéressé, le premier étant très différent et tellement supérieur au deuxième. Prenez à votre tour quelques minutes pour répondre à la même question qui m'avait été posée par mon «vieux sage intérieur». Accepteriez-vous de laisser aller votre conjoint vers un plus grand bonheur, même si ce bonheur ne venait pas de vous? Dans cette éventualité, quelle serait votre réaction profonde: bonheur, haine, rejet? Prenez juste conscience du degré d'amour inconditionnel que vous ressentez en ce moment même. Si vous n'avez pas de conjoint, vous pouvez faire le même exercice avec un de vos grands amis. Voyez alors si vous l'aimez seulement pour ce qu'il peut vous apporter.

N'allez cependant pas penser que c'est mal d'aimer quelqu'un pour ce qu'il peut nous offrir, bien au contraire. Ce questionnement n'a pas pour but d'évaluer votre degré d'amour pour une autre personne. Il veut simplement vous faire prendre conscience qu'il peut exister, entre deux personnes, un état supérieur d'amour ou d'amitié où l'émotion est secondaire, où le seul fait de voir l'autre heureux suffit pour nous remplir d'une infinie sérénité.

De l'amour inconditionnel découle le don de soi, celui qui n'attend rien de l'autre. On peut offrir à l'autre le meilleur de soi-même sans qu'un seul remerciement ne soit nécessaire. Ce degré d'amour ne s'atteint, hélas! pas tout seul. Il faut, dans un premier temps, prendre conscience que le véritable amour désintéressé existe — c'est un des buts de ce livre —, puis, lentement, apprendre à donner pour donner, juste pour rendre l'autre heureux. Jour après jour, année après année, cette attitude d'amour véritable se manifestera envers tous les êtres et toutes les choses qui nous entourent. Quand vous croirez avoir atteint ce degré d'amour universel, la vie se chargera de vous faire passer de petits tests... Si vous échouez à quelques-uns, ne paniquez pas. Riez-en plutôt et continuez votre route, mais en étant cette fois plus alerte.

Et maintenant, si vous le voulez bien, prenez quelques instants pour vous visualiser en présence de votre meilleur ami, de votre conjoint ou compagnon de vie. Imaginez la scène suivante: Vous lui offrez un cadeau que vous avez eu toutes les misères du monde à trouver. Il l'accepte, mais, par insouciance ou par simple oubli, il néglige de vous remercier. Quelles sont vos réactions? Qu'est-ce qui dominera: le fait que vous aimiez tendrement et inconditionnellement cette personne ou plutôt une certaine rancune parce qu'elle ne vous aura pas été assez reconnaissante?

Détacher pour unir...

Avez-vous remarqué le nombre d'hommes qui ont le réflexe de prendre la poudre d'escampette aussitôt qu'ils sentent qu'une femme essaie de resserrer un peu trop l'étau autour d'eux, et vice-versa? La liberté est devenue une véritable priorité de nos jours, et c'est bien normal. On a si longtemps clamé que se marier, c'était se mettre la corde au cou, qu'on perdait automatiquement toute liberté, que le lendemain des noces, il fallait renoncer à tous ses amis, etc. Ces croyances populaires sont beaucoup plus répandues qu'on pourrait le croire. Elles ont frappé et limité toute une génération, celle-là même qui a commencé très tôt à chercher toutes sortes de moyens pour se sortir de cette prison où les couples se croyaient enfermés. Il est donc compréhensible que le mariage ait aujourd'hui perdu tellement d'adeptes.

Pour les pros de la vie à deux qui ont permis que se bâtisse entre eux une confiance mutuelle et totale, la liberté d'action est une condition primordiale, qui va de soi. Jamais l'un n'essaiera d'attacher l'autre, car tous les deux ont acquis la maturité nécessaire pour ne pas abuser de la situation. Si l'un a besoin de s'isoler, l'autre accepte d'en être séparé le temps nécessaire. Quand ce besoin est comblé, ils se retrouvent pour poursuivre la route ensemble, et avec encore plus d'intensité. Ils ont compris que le meilleur moyen de resserrer leurs liens était encore de les dénouer de temps en temps!

Il nous arrive, à Céline et à moi, de partir chacun de notre côté, pour reprendre contact avec nous-même ou simplement pour prendre de petites vacances seuls, juste pour se faire plaisir et se dorloter. Ce ne sont pas là des gestes d'égoïsme, bien au contraire. Ces petites escapades ont pour effet de nous rendre plus heureux et d'alimenter la sérénité de notre couple. Bien sûr, ces séparations temporaires peuvent parfois être difficiles, mais les retrouvailles sont si intenses et tellement empreintes de tendresse. Chacun raconte à l'autre les expériences qu'il a vécues, tout en soulignant comme il fait bon de se retrouver. Si vous n'avez jamais tenté ce genre d'éloignement momentané, vous pouvez difficilement en comprendre la richesse. Il faut le vivre pour en savourer les effets bénéfiques.

Mettre un peu d'espace entre nous ne peut que nous unir davantage par la suite, surtout si l'amour et la confiance sont à la base de notre relation. Plus on attache son compagnon de vie, plus il sentira le besoin de briser ses chaînes à la moindre occasion. Pourquoi alors ne pas les détacher soi-même?

Si l'expérience vous tente, prenez votre compagnon par surprise... Offrez-lui de partir quelques jours avec des amis et surveillez sa réaction! Votre proposition aura peut-être l'effet d'une bombe... Laissez-lui sentir qu'il est libre de ses actions, mais qu'il en porte également la responsabilité. Il aura alors naturellement tendance à se rapprocher de vous, si l'amour est toujours présent, évidemment. Dénouez donc les liens que vous avez tissés autour de vous, souvent par peur de perdre quelque chose ou quelqu'un. Donnez de l'air à cet être que vous aimez, aux amis qui vous sont chers, aux enfants que vous chérissez.

Ils sauront sûrement apprécier votre attitude et se rapprocheront naturellement de vous par la suite.

Un de mes meilleurs amis m'avoua un jour, à ma très grande surprise, que mon amitié l'étouffait depuis des années, car il sentait que j'attendais trop de lui. Je protestai aussitôt avec véhémence, mais, après mûre réflexion, je me rendis compte qu'il disait la vérité. Allait-il quelque part? Je m'offusquais s'il ne m'en informait pas! Vivait-il une situation difficile? Je lui en voulais de ne pas solliciter mon avis. Mon amitié possessive avait bâti une cage dorée autour de lui! Il n'avait donc d'autre alternative que de prendre ses distances vis-à-vis de moi et de couper pour un certain temps les liens qui nous unissaient. J'eus énormément de peine, mais j'ai retenu la leçon merveilleuse que m'avait donnée cet homme: rien ne nous appartient! Maintenant, les amis que j'ai ne sont plus MES amis, mais DES amis. Céline n'est plus MA femme, mais LA compagne de ma vie.

Prenez donc maintenant quelques instants pour faire une brève prise de conscience concernant les liens que vous avez tissés autour de vous. Est-ce que, d'une manière ou d'une autre, subtilement ou directement, vous attachez quelqu'un? Si vous pensez que vous êtes peut-être un peu trop possessif et exclusif vis-à-vis d'une personne, n'hésitez pas à lui demander son avis. Mais il vous faut établir auparavant un climat de confiance; et ne sursautez surtout pas en entendant la réponse. Attendez-vous à tout; soyez prêt à tout! Plus vous laissez de liberté à l'autre, plus il aura de chances d'apprécier les moments privilégiés passés à vos côtés. Sans la liberté, la confiance est éphémère.

Une femme me raconta un jour que son mari rêvait depuis longtemps d'un voyage de pêche, mais qu'il n'osait pas lui en parler, de peur de soulever une tempête... Elle lui proposa alors de prendre une semaine de congé et de partir avec ses amis. Tout surpris, l'homme accepta avec joie la suggestion de sa femme. Cependant, il se contenta d'une fin de semaine. Il en revint transformé, ses yeux brillant d'amour pour son épouse, ayant constaté à quel point elle lui manquait! Cette dernière avait vraiment compris que pour unir, il faut d'abord détacher!

Éviter de toujours mettre les torts sur l'autre

Dans tout conflit, c'est bien connu, chacun a toujours sa part de responsabilités. Il est donc impossible que l'un soit complètement blanc et l'autre, complètement noir, la teinte prédominante étant plutôt un gris plus ou moins foncé... Il est bien normal que lorsqu'un problème surgit, on ne voie que les torts dans l'autre camp. Mais, quand l'émotion s'est atténuée et que l'on a pris un certain recul, quand les cendres sont retombées, il est important de chercher quelle est la part de responsabilités qui nous incombe, si minime soit-elle! Il m'est arrivé assez souvent de recevoir des confidences venant de gens qui vivaient des problèmes dans leur relation amoureuse. J'ai rapidement pris conscience qu'il me fallait faire très attention pour ne pas tomber dans le piège de toujours pencher du côté de la personne qui me présentait ses doléances. Je devais garder une impartialité complète pour éviter de juger hâtivement et faussement la personne qui me paraissait la cause principale du problème.

Combien de femmes m'ont décrit leur mari comme un monstre, jusqu'à ce que je m'aperçoive, après avoir entendu les explications de ce dernier, que la situation était tout autre. La perception qu'ils avaient des événements variait de l'un à l'autre. Ces hommes et ces femmes ne savaient plus comment se rejoindre; ils avaient depuis longtemps laissé la communication se couper entre eux. Une seule réaction négative de l'un des partenaires suffisait à mettre le feu aux poudres, car elle était montée en épingle par l'autre, qui se sentait alors directement attaqué. Ah! ce monde des émotions! Avec quelle facilité il peut nous entraîner! Si on apprenait à s'élever au-dessus de lui et à regarder la vie avec les yeux de notre âme, que de drames pourraient être évités.

Cette prise de conscience ne signifie pas qu'il faille désormais tomber dans l'attitude contraire et tout prendre sur son dos, en se culpabilisant pour tout ce qui nous arrive. Non, il faut simplement demeurer assez honnête envers soi-même pour admettre que l'on puisse avoir nos torts, et que si on a fait partie du problème, on peut aussi faire partie de la solution.

Les pros de la vie à deux savent faire la part des choses dans une situation de conflit, acceptant même que leur vis-à-vis leur dise leurs quatre vérités. Ils reçoivent ces commentaires positivement et essaient ensuite de s'améliorer. Ce processus ne se fait évidemment pas dans l'émotion du moment, mais seulement après mûre réflexion seulement sur le plan du cœur. Souvent, après nous être disputés, Céline et moi — ça arrive, ne vous faites pas d'illusions —, nous laissons d'abord à nos émotions le temps de s'apaiser. Ensuite seulement, en prenant le plus de recul et en manifestant le plus de neutralité possible, nous essayons, avec diplomatie et tact, de nous dire ce que nous n'avons pas aimé dans le comportement de l'autre. Nous faisons état de ce que nous apprécierions qui soit modifié à l'avenir pour éviter qu'une situation semblable se reproduise. Nous tentons — et je dis bien «nous tentons», car ce n'est pas toujours facile — d'analyser le problème comme s'il s'agissait de celui d'un autre couple. Cette mise en situation peut même, à l'occasion, devenir un jeu auquel on prend plaisir à participer. D'habitude, il s'écoule peu de temps avant que nous décidions l'un et l'autre de mettre de l'eau dans notre vin, ce qui, en moins de deux, règle le conflit en douceur.

Une situation cocasse m'a fait prendre conscience qu'il était plus avantageux de regarder ses propres torts avant de lancer impunément des flèches vers l'autre. Céline et moi étions au restaurant avec un couple d'amis qui, il faut bien le dire, avait acquis une certaine maturité. Durant la conversation, l'homme fit une banale réflexion qui, en d'autres circonstances, aurait pu passer tout à fait inaperçue mais qui, cette fois, avait choqué l'oreille de sa compagne. «Comment peux-tu être si prétentieux?» lui lança-t-elle d'un ton sévère, le gelant sur son siège... Surpris et dérouté, son conjoint préféra se lever et aller fumer une cigarette à l'extérieur du restaurant. Son ego avait été piqué au vif, mais il avait compris à temps que s'il avait réagi, le ton de la discussion aurait monté d'un cran.

Durant son absence, cependant, sa compagne, après avoir pris le temps de se calmer, nous demanda de l'aider à découvrir ce qui avait bien pu se passer. Elle ouvrit son esprit à la compréhension et son agressivité se changea vite en regret. Elle voulait vraiment découvrir la cause de son comportement avant que le conflit ne dégénère, car elle désirait rétablir le contact avec son homme qui — c'était le cas de le dire —, fulminait tout seul à l'extérieur... Elle découvrit alors que, pendant sa jeunesse, un de ses frères, qu'elle avait toujours trouvé prétentieux, utilisait les mêmes termes que ceux que son compagnon avait «osé» prononcer, quelques minutes plus tôt. Le mécanisme de ses souvenirs s'était déclenché, avec les émotions qui y étaient rattachées, et elle avait réagi comme elle l'aurait fait jadis! Soulagée, elle poussa un soupir: «Ce n'était que ça!» laissa-t-elle tomber.

Quelques instants plus tard, son ami revint, plein de courage et de détermination, pour affronter la terrible tempête qu'il croyait avoir déclenchée, même s'il ne comprenait toujours rien à ce qui s'était passé. En moins de deux, l'humour et la tendresse chassèrent les nuages menaçants. Reconnaissant leurs torts respectifs, ils s'expliquèrent tout doucement et la soirée se termina dans l'harmonie la plus complète. En évitant de mettre les torts sur le dos de l'autre, ils sont parvenus à neutraliser le conflit qui, autrement, aurait pu prendre une ampleur désastreuse. Je tirai de cet événement une extraordinaire leçon de vie.

Et vous, si vous vous étiez retrouvé dans la même situation, auriez-vous eu le réflexe de rechercher la véritable cause du conflit ou auriez-vous laissé la situation s'envenimer plutôt que de marcher sur votre orgueil? Ne vous mentez pas, soyez sincère. Pensez-y la prochaine fois qu'une petite guerre menacera la sérénité de votre entourage. Plus vous désamorcez rapidement les bombes, moins elles risquent d'éclater et de causer des torts irréparables...

Attendre le bon moment pour intervenir

Je me souviens avoir entendu dire qu'un des secrets de la vie à deux était de ne jamais laisser se terminer une journée sur un problème irrésolu, qu'il fallait absolument le régler sur l'oreiller. Partant de ce principe, je me faisais un devoir, lorsqu'un conflit éclatait le soir, de le régler avant de m'endormir... ce qui avait souvent pour effet de l'empirer! En effet, comme toute mésentente entraîne avec elle son lot d'émotions, il est, selon moi, préférable de laisser celles-ci s'estomper, de permettre aux cendres de retomber avant d'entreprendre quoi que ce soit. Bien souvent, la nuit profite de l'état latent où se trouvent nos deux corps endormis pour faire glisser subtilement entre eux un vent de paix qui les réunit au réveil. C'est alors que les rapprochements ont le plus de chances de se faire. Vouloir à tout prix régler les problèmes dans les plus brefs délais est parfois la cause d'autres conflits, lesquels viennent s'ajouter aux premiers et compliquer encore davantage la situation.

À l'opposé, un danger qui nous guette est d'attendre trop longtemps et de laisser le fossé s'élargir entre les deux partenaires. Encore là, les couples qui ont une certaine maturité ne permettent pas qu'un événement les éloigne trop l'un de l'autre. Ils savent bien qu'à la longue, les ego prennent facilement le dessus. Dans leur entêtement à vouloir toujours avoir raison, ils commencent à se prendre un peu trop au sérieux, rejetant d'emblée tous les torts sur l'autre.

Le secret est donc d'être attentif à ce qui se passe autour de nous et en nous, regardant tout conflit avec un œil empreint de neutralité, comme si c'était une autre personne qui le vivait. Cette approche demande beaucoup d'humilité et d'honnêteté, mais lorsqu'elle est adoptée, elle rend la vie tellement plus facile.

Prenez donc le temps de laisser votre orgueil se calmer avant de penser à régler quoi que ce soit dans votre vie, et sachez que l'équilibre en tout est à rechercher. Permettez à votre couple de ne pas toujours être sur la même longueur d'ondes, d'avoir parfois des divergences de vue, d'utiliser des façons différentes de résoudre les problèmes. Si vous savez attendre le moment propice pour intervenir, vous trouverez toujours un terrain d'entente. Mais il faut, évidemment, que les deux manifestent de la bonne volonté, et cette dernière ne peut éclore que dans le calme, non dans un climat tendu par la pression des émotions. Et n'hésitez pas à marcher sur votre orgueil quand vient le temps de faire les premiers pas. Utilisez toute votre intuition et votre maturité pour intervenir au bon moment. Parfois, un sourire furtif, un clin d'œil complice peuvent suffire à détendre l'atmosphère, ouvrant ainsi une brèche dans les carapaces les plus hermétiques et permettant que s'enclenche une discussion qui pourra s'avérer salutaire pour tous.

La vie est un grand jeu, ne l'oubliez pas, et dans un jeu, il est important de s'amuser. Parfois on gagne, parfois on perd; mais ce qui importe, c'est qu'on ait du plaisir à jouer. On en ressort toujours gagnant si on se donne la chance de tenter l'expérience. On se retrouve toujours mieux outillé par la suite pour s'attaquer au jeu suivant. Il faut savoir mettre de son côté cet indispensable ami qu'est le temps...

Avoir des buts communs

Nous avons tous, en tant qu'individus, des priorités, des buts et des projets qui nous tiennent à cœur. C'est ce qui nous motive et nous caractérise. Avant de former un couple, une personne a ses propres valeurs, des goûts particuliers, des aptitudes pour certains types d'études ou de sports ou encore une passion quelconque. Mais lorsque deux êtres décident de vivre ensemble, la situation devient différente. Chacun peut continuer d'être animé par les mêmes passions, mais pour que la nouvelle énergie produite par le couple puisse prendre le plus d'ampleur possible et exercer toute sa force, il est important de viser un ou des buts communs aux deux partenaires.

Au tout début de ma relation avec Céline, je ne parlais que musique. J'en étais imprégné jusqu'au bout des doigts. Ma compagne était, pour sa part, plongée jusqu'au cou dans son métier d'enseignante qu'elle adorait. Vous pouvez imaginer que nos conversations étaient plutôt superficielles et brèves, car nos passions étaient tellement différentes. Puis, nous avons commencé à nous intéresser tous les deux à la recherche intérieure, à la croissance personnelle. Nous voulions explorer tout ce qui échappe aux yeux physiques et qui appartient au monde de l'âme, à la douce compréhension de l'au-delà avec ses fabuleux mystères. Tout ce qui se rapportait à ce sujet nous fascinait. Lorsque l'un de nous deux — c'était souvent moi — avait tendance à voler un peu trop haut, l'autre se chargeait de le faire redescendre sur terre, de lui faire chausser ses bottes de plomb, comme nous nous plaisions à le dire.

Nous commençâmes dès lors à orienter certaines de nos énergies dans la même direction et nous n'avons jamais cessé de le faire depuis.

Avec le temps, il s'est créé entre nous une certaine complicité qui nous fut salutaire à bien des points de vue. Nous avons même donné des cours ensemble sur la spiritualité. Cela a duré quelques années, le temps que je me fasse assez confiance pour voler de mes propres ailes. Le but visé, celui de la recherche spirituelle, est encore et toujours devant nous et il nous permet toujours de nous retrouver sur la même longueur d'ondes lorsque nous en discutons. C'est devenu notre passion à nous, le terrain où nous pouvons toujours nous réunir, peu importe l'environnement dans lequel nous nous trouvons.

Chaque couple devrait avoir des buts communs, si minimes soient-ils. J'en connais quelques-uns qui prennent des cours de golf ensemble et s'aident constamment à améliorer leur jeu. Certains s'engageront ensemble dans toutes sortes de recherches, scientifiques, spirituelles ou autres, ou encore dans des voyages où ils exploreront avec passion les mêmes endroits. D'autres joindront leurs efforts dans des activités de bénévolat, dans l'aide aux personnes âgées ou handicapées, par exemple. D'autres encore découvriront, toujours ensemble, le monde des arts, de la danse sociale, etc. Peu importe la forme que cette nouvelle complicité prendra, l'important, c'est qu'une passion commune réunisse les conjoints à l'occasion, au lieu que chacun se perde dans des occupations individuelles.

Prenez donc quelques instants pour déterminer les domaines que vous aimeriez découvrir ou approfondir ensemble. Avez-vous des aspirations communes qui vous font vibrer tous les deux? C'est probablement dans cette direction que vous devrez chercher en tout premier lieu. Ne rejetez rien d'emblée, du revers de la main. Si vous m'aviez dit, il y a vingt-cinq ans, alors que je ne m'intéressais qu'à la musique rock, que je donnerais un jour avec Céline des cours sur la spiritualité, je vous aurais ri au nez. C'est pourtant ce qui nous a réunis... Laissez donc la vie vous mener au bon endroit, au bon moment, et dans la direction qui vous sera la plus bénéfique. Tout ce qu'elle demande, c'est que vous lui disiez oui et que vous croyiez en votre bonne étoile!

Ne pas jouer au thérapeute avec son conjoint

Un jour que j'essayais, avec force et arguments, de convaincre les gens de la véracité de mes dires, quelqu'un me donna le meilleur conseil que j'aie jamais reçu, soit de ne répondre qu'aux questions que l'on me posait, c'est tout. Dans le passé, je trouvais en effet une solution à tout. Je découvrais facilement ce qui n'allait pas chez les autres et je ne me gênais pas pour le leur faire aussitôt savoir. Et je profitais de l'occasion pour leur dicter la ligne de conduite à suivre, même si ces gens n'avaient aucune envie de m'entendre. Je jouais au thérapeute avec tout le monde... sauf avec moi! Cette détestable attitude moralisatrice déclencha, à mon grand désarroi, d'étranges réactions de la part des autres. Et moi, je ne comprenais pas que l'on puisse penser différemment de moi. Je ne pouvais concevoir que l'on ne cherche pas à comprendre les véritables causes de nos réactions, de nos maladies, de notre souffrance intérieure! Je croyais, à tort, que tout le monde avait ce côté spirituel à développer dans sa vie.

Une fois marié, je continuai ce petit jeu du «thérapeute de poche» avec Céline. J'essayais de lui faire comprendre que si elle réagissait de telle ou telle façon, c'était à cause de tel ou tel événement qu'elle avait vécu ou encore parce qu'elle avait cela à vivre. Mon épouse me fit vite sentir que si elle avait besoin d'aide, elle irait en chercher, et probablement ailleurs, mais que, d'ici là, il était inutile de dépenser autant d'énergie à tenter de la sauver! Quelle déception ce fut pour moi sur le coup, mais aussi, quelle prise de conscience! Je compris qu'en voulant aider les autres coûte que coûte, je me donnais un certain pouvoir sur eux et que cela entretenait en moi un très subtil sentiment de supériorité. Je croyais posséder toute la vérité, et mon ego en était très fier... un peu trop parfois! Mais la vie se chargeait de me le rappeler de toutes sortes de façons, et souvent par l'intermédiaire des êtres que j'aimais le plus au monde.

Donc, s'il vous arrive, comme à moi, de vouloir jouer au thérapeute avec votre conjoint, soyez très prudent, car il peut s'ensuivre des résultats tout autres que ceux escomptés. Demandez-lui sa permission expresse, sinon, le seul fait d'exprimer une quelconque opinion sur lui, et au mauvais moment par surcroît, pourrait être suffisant pour qu'il se sente jugé. Il pourra alors fermer définitivement la porte sur la solution que vous auriez pu lui suggérer.

Mais il ne s'agit pas pour autant de se taire et de laisser les autres se détruire sous nos yeux sans réagir! L'équilibre en tout est le meilleur guide. Exprimez plutôt ce que VOUS ressentez vis-à-vis de telle ou telle situation, en évitant le plus possible les dialogues moralisateurs. Si vous parlez de VOS sentiments, l'autre ne pourra pas les nier. Ne se sentant ni jugé ni concerné directement, il sera alors plus enclin à la discussion. Vous êtes là pour ouvrir des portes, c'est tout. De toute façon, n'importe quel thérapeute compétent vous dira que la personne ayant besoin d'aide doit faire les premiers pas et exprimer le désir d'être aidée; sinon, c'est peine perdue. On ne peut rien faire entendre à un sourd qui, en plus, se boucherait les oreilles...

Soyez donc disponible pour l'autre, tout simplement. Vous pouvez, par exemple, signaler à votre conjoint que vous avez peut-être découvert une piste qui pourrait l'aider à trouver la solution à son problème et que vous pourriez en discuter avec lui lorsqu'il se sentira prêt. Quand le moment sera venu, il ira vers vous et vous ouvrira lui-même la porte de son cœur. Pour que s'établisse une base d'entraide, profitez de l'occasion pour l'inviter à vous faire part des aspects de votre comportement qui gagneraient à être modifiés. Affirmez-lui que vous apprécieriez qu'il vous les signale, comme vous l'avez fait pour lui. Le partage doit toujours se faire dans les deux sens. Vous établirez ainsi entre vous un certain code d'éthique, une ouverture mutuelle grâce à laquelle aucun de vous ne se sentira jugé ni accusé d'être ce qu'il est.

Se donner le droit d'avoir des activités individuelles

Lorsqu'on m'avertissait qu'en me mariant, je me mettais inexorablement la corde au cou, cela signifiait pour moi qu'en plus de perdre mes amis, je devais aussi délaisser toutes les activités qui n'étaient pas associées au couple. Quel programme! À mon grand bonheur, je m'aperçus rapidement que ce n'était pas du tout le cas. Céline me laissait poursuivre mes activités, à un autre rythme peut-être, mais avec tout autant d'intensité. Cette liberté d'action se manifestait d'ailleurs dans les deux sens. Certains de mes amis, par contre, ne s'en étaient pas tirés à si bon compte. Plusieurs d'entre eux avaient dû rompre les liens avec leur «ancien» monde. Ils se voyaient désormais confinés à la maison, «assumant» pleinement leur nouvelle vie de couple. L'un deux me décrivait sa relation comme une réelle mise en cage.

Il est donc important, dans un premier temps, de permettre à l'autre de garder une certaine autonomie et de continuer à vivre en tant qu'individu. Petit à petit, on en arrive ainsi à adopter une nouvelle façon de faire les choses ensemble, une façon qui saura satisfaire les besoins des deux tourtereaux. Les composantes d'un couple ne devraient jamais renoncer à leur identité propre, sous prétexte qu'ils sont désormais deux. Au contraire, ils auraient plutôt avantage à bâtir leur relation sur les richesses qu'ils s'apportent mutuellement. La vie à deux n'a jamais comme mandat de séparer les gens ou de leur faire subir des privations. Elle est plutôt là pour créer une nouvelle union ayant pour but de parfaire le bien-être qui existe déjà. Elle devrait être uniquement orientée vers une plus grande liberté et vers un accroissement du champ d'action de chacun. C'est ainsi que la confiance et le respect mutuels auront le plus de chances d'établir des bases drôlement solides.

Toute destruction mène automatiquement à une nouvelle création

... En d'autres mots, toute dispute, toute disharmonie, si elle est transcendée, c'est-à-dire si on réussit à la transformer en énergie positive, peut servir à nous élever et à donner naissance à quelque chose de plus beau.

À un certain moment, nous sommes allés, Céline et moi, suivre un atelier sur la spiritualité que donnait Claudia Rainville en République dominicaine. Avant de partir, nous eûmes une petite dispute à propos de je ne sais quoi, et cette querelle nous éloigna l'un de l'autre durant tout le trajet en avion et même durant les deux longues heures d'autobus qui nous séparaient de l'hôtel. Le soir venu, la douce chaleur qui nous enveloppait et la paix qui régnait sur le petit balcon ayant vue sur la mer ne suffirent pas à apaiser notre dispute. La blessure était encore trop fraîche et les ego, trop touchés. Nous restions là tous les deux à nous bouder, et n'eûmes d'autre choix que d'aller nous coucher. Quel désastre! me dis-je. Nous voilà en vacances dans un endroit idyllique où ne règne que l'amour. Nous nous apprêtons à vivre six jours d'atelier sur l'harmonie et... que faisons-nous durant ce temps? Nous boudons, chacun de notre côté! Tous mes espoirs de vivre une semaine de rêve s'écroulaient. J'en étais rendu à accepter que ce séjour soit pénible si c'était ce que nous devions vivre. Baissant les bras, je m'apprêtai à dormir.

C'est alors que le miracle se produisit. La force de l'amour qui nous unit attisa notre désir de nous retrouver. Peu à peu, nos corps se rapprochèrent. Laissant de côté nos ego frustrés et fatigués, nous fîmes l'amour, enfin réunis dans le monde de l'âme. Cette simple rencontre de nos corps et de nos cœurs opéra un changement radical dans notre façon de voir les choses. Nous pûmes alors rire de nous-mêmes et de la futilité de ce qui nous avait séparés. Ce fut le coup d'envoi d'une semaine merveilleuse dont l'élan avait été donné par une vilaine dispute. Le lendemain matin, heureux et les yeux pétillant de bonheur, nous nous retrouvâmes dans l'atelier où nous n'allions pas tarder à découvrir ce qui s'était réellement passé. Ce fut un des plus beaux cadeaux que j'aie jamais reçu, et je m'empresse de vous le faire partager.

Claudia Rainville, qui avait eu la chance d'étudier de très près la culture hindoue, nous a expliqué le lendemain le principe de la trinité, tel qu'il est enseigné dans le bouddhisme. Les trois éléments de ce principe portent les noms suivants: *Brahma*, qui signifie la création, *Vishnu* qui représente l'action, et finalement *Shiva*, ou la destruction. Ce qui est intéressant dans ce concept, c'est que l'on retrouve ces trois mêmes étapes d'évolution dans absolument toutes les relations humaines comme dans la majorité des situations qui nous affecte personnellement ou qui régisse l'Univers tout entier. Rien ni personne n'échappe à cette règle, tant dans le domaine spirituel que matériel. Ce qui est d'une importance cruciale, c'est que ces trois éléments sont intimement liés, chacun propulsant continuellement les événements vers l'étape suivante, comme une roue qui ne cesserait jamais de tourner (voir l'illustration).

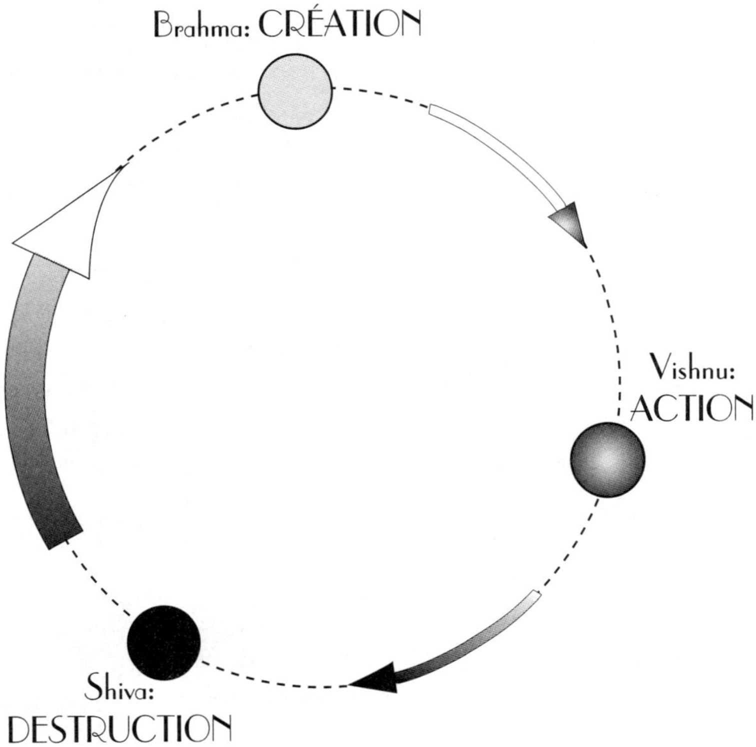

Toute destruction mène automatiquement
à une nouvelle création...
si on lui en donne l'opportunité!

En d'autres mots, *Brahma* est toujours à l'origine de chacune des situations de notre vie: c'est la création. Puis, la création se développe, sous l'action de *Vishnu*. Un jour apparaît la destruction, c'est *Shiva*. Contrairement à ce qu'on pourrait penser, *Shiva* ne représente pas la fin de la situation en question, mais sa transformation. L'énergie sera, une fois de plus, propulsée vers *Brahma*, donc vers une nouvelle création, laquelle se voudra encore plus belle si on lui donne la chance de renaître de ses cendres.

Maintenant, oublions la théorie pour passer à la pratique. Prenons l'exemple d'une relation amoureuse qui prend naissance entre deux êtres. Voilà donc une «création» *(Brahma)*. L'amour qui unit les deux membres du nouveau couple les propulse vers l'avant, leur faisant traverser une série d'événements qui les feront éventuellement grandir, c'est l'«action» *(Vishnu)*. Un jour, *Shiva* se pointe le bout du nez et provoque un conflit entre les deux amoureux, comme cela nous est arrivé, à Céline et à moi, lors du voyage dont je vous ai parlé plus tôt. Le couple vit alors une certaine «destruction», laquelle, si on n'intervient pas à temps, peut dégénérer et prendre une ampleur dévastatrice.

Les deux êtres concernés par cette destruction peuvent rester longtemps dans cet état, à se bouder l'un l'autre, à pleurer sur leur situation et même à finir par s'y complaire. Mais s'ils savent que **toute destruction conduit automatiquement vers une nouvelle création**, ils cesseront de s'apitoyer sur leurs malheurs. Ils accepteront le fait que ce qu'ils vivent est momentané et ils laisseront la vie les diriger naturellement vers la création d'une situation encore plus grandiose et plus belle. Ils tireront en quelque sorte profit de leurs différends et ils s'en serviront pour bâtir quelque chose de plus solide. Leur relation continuera d'avancer de création en action, d'action en destruction, et de destruction en nouvelle création, dans une évolution sans fin et vers un avenir toujours plus positif et prometteur.

Ceux qui ne connaissent pas ce merveilleux principe universel doivent nager continuellement dans leurs mille et une difficultés. Ils peuvent se complaire dans leur destruction durant des années et penser que les difficultés seront leur lot jusqu'à la fin de leurs jours, sans qu'ils puissent rien y faire. Ils se prélassent dans la passivité et subissent les événements, sans aucun espoir d'en sortir. S'ils savaient qu'ils n'ont qu'à dire oui à la vie et à accepter de lâcher prise pour qu'une toute nouvelle aventure s'enclenche automatiquement et les propulse vers l'avant. Le seul fait de ne pas croire en notre bonne étoile suffit souvent à mettre en veilleuse toutes ces agréables surprises que nous réserve la vie.

Je me souviendrai longtemps du jour où mon adorable sœur, Jacky, apparut à ma porte, en larmes et bouleversée. Son mari, auquel elle était soumise durant des années, et qu'elle avait toujours cru, jusqu'à ce jour, aimer d'un amour fou, venait tout juste de la laisser tomber pour une autre, sans crier gare. Noyée dans ses émotions de rejet et abattue par la destruction qu'elle sentait tomber sur elle, elle me jura qu'elle ne laisserait plus jamais entrer un autre homme dans sa vie, car elle ne voulait pas revivre un tel calvaire. J'eus beau lui dire de ne pas se fermer sur ce plan et de laisser la vie la guider vers quelque chose de plus beau qui l'attendait à l'autre extrémité du tunnel, rien n'y fit, et pour cause. La douleur était trop vive. Quelques jours plus tard, elle partit vivre son deuil — un deuil qui allait durer plusieurs mois —

dans la solitude et le calme, ce qui eut pour effet d'effacer peu à peu la peine qu'elle croyait pourtant impossible à dissiper. Elle se souvint alors de ce que je lui avais dit lors de notre rencontre, soit de mettre sur un plateau de la balance tout ce qu'elle avait vécu de négatif avec son ex-mari et sur l'autre, tout le positif. En y pensant bien, elle se rendit compte que c'est ce dernier point qui faisait pencher favorablement la balance. Elle m'avoua, beaucoup plus tard, que c'est à cause de ce petit exercice qu'elle put enfin lâcher prise.

Elle commença alors à fréquenter un homme avec lequel elle travaillait depuis longtemps, mais qu'elle n'avait pourtant jamais remarqué, n'étant pas disponible jusqu'à ce jour. Cet être extraordinaire, lui aussi fraîchement divorcé, l'étonna en l'aimant pour ce qu'elle était, sans aucune attente. Ma sœur n'avait jamais connu une telle plénitude auparavant.Comblée à tous les points de vue, elle reprit contact avec l'amour, bien malgré elle! Elle me dit alors que l'intensité de l'amour qu'elle avait ressenti au cours de son premier mariage équivalait à peine à la grosseur d'un grain de sable, comparé à ce qu'elle vivait actuellement.

Les deux nouveaux tourtereaux ont fait vie commune durant quelques années, puis, comme dans les plus beaux contes de fées, ils se sont mariés. Ils filent le parfait amour depuis ce temps. Ils sont maintenant les premiers à reconnaître que leur divorce respectif a été ce qui leur est arrivé de plus merveilleux dans leur vie. S'ils n'avaient pas connu cette destruction avec leur ex-conjoint, s'ils n'avaient pas donné à la vie la chance de les propulser vers l'avant, s'ils s'étaient contentés de s'accrocher et de se complaire dans leur malheur, ils n'auraient jamais permis que se crée ce nouveau et si sublime amour entre eux. Il n'existe aucun défi que la vie ne puisse nous permettre de relever. Il ne s'agit, bien souvent, que d'y croire.

C'est dans ce sens positif qu'il faut considérer chaque dispute, chaque rupture et chaque drame de notre vie. Rien ne peut nous garder prisonnier du malheur, hormis notre seule volonté de nous y accrocher. Si vous souffrez présentement à cause d'une quelconque destruction, de grâce, évitez d'y sombrer en vous anéantissant dans le désespoir! Vous pourriez y laisser votre peau. Donnez plutôt une chance à la vie. Dites-lui que vous êtes prêt à saisir l'occasion de vous laisser entraîner vers quelque chose de plus beau, de plus grand. Puis, du mieux que vous le pourrez et en prenant le temps qu'il faudra, **lâchez prise**. Vous verrez votre vie prendre un tout autre sens, car vous aurez appris à la voir avec des yeux différents.

Un de mes amis dominicains, du nom de José, qui a su garder une grande sagesse dans son cœur d'enfant, me dit un jour: «Tu sais, André, la chance, elle passe toujours, et à toute heure du jour. Mais si on n'y est pas attentif, on ne peut la reconnaître, et elle continue son chemin jusqu'à ce qu'elle trouve preneur.» Quelle vérité venait-il d'exprimer! Chacun tient son destin au creux de ses mains. Un cœur mutilé par la rage et la rancune ne constitue pas un terrain propice pour accueillir la chance qui passe. Elle ne s'arrêtera jamais à cet endroit, car elle sait très bien qu'elle serait de toute façon ignorée. Si, vous aussi, vous avez envie de quitter cette vallée de larmes et de souffrances, faites simplement un pas en avant. Chassez d'abord les préjugés qui vous empêchent d'aimer à nouveau et qui ne vous permettent pas d'apprécier la beauté qui vous entoure. **Plongez** ensuite avec confiance et détermination dans votre nouvelle vie. Un simple mouvement d'acceptation et d'espoir en l'avenir sera bien souvent suffisant pour que vous puissiez vous propulser vers cette nouvelle création qui vous attend à quelques centimètres plus loin.

Les pros de la vie à deux appliquent constamment ce principe, même s'ils n'en ont pas toujours conscience. C'est naturel chez eux, car ils sont soutenus par un amour véritable et par une attitude positive. Si, en plus, ils sont conscients de l'existence de ce processus qui les amène à régler de plus en plus facilement leurs problèmes, ils peuvent en profiter encore plus. Ils le feront alors connaître autour d'eux, pour qu'un nombre toujours croissant de personnes puisse s'en servir afin de bâtir un monde meilleur, un monde en constante évolution.

La complémentarité dans le couple

J'ai toujours eu de la difficulté à comprendre cette théorie qui veut que les contraires s'attirent, surtout quand il est question du couple. Je ne pouvais concevoir que deux êtres opposés en tout puissent avoir certaines affinités... jusqu'au jour ou, modifiant mon point de vue, je remplaçai le mot «contraire» par «complément». Tout prenait alors un sens. Dès lors, je pouvais facilement comprendre que des compléments puissent s'attirer. Car ce qui anime le cœur de chaque être est sans conteste cette pulsion à évoluer et à apprendre, jour après jour, quelque chose de nouveau. En effet, la motivation primordiale de l'âme, ce qui la pousse à mordre dans la vie à belles dents, c'est la recherche de ce qui peut augmenter son bagage de connaissances et d'expériences.

Ainsi, vous pouvez être fortement attiré par quelqu'un qui est très différent de vous si ces différences sont justement ce dont vous avez le plus besoin pour évoluer durant cette période de votre vie. En général, les forces que vous admirez chez les autres sont celles que vous devez acquérir ou celles dont vous devez être entouré pour parcourir avec succès votre route. Vous pouvez donc comprendre que l'union de deux êtres ayant déjà réalisé une grande évolution dans leur domaine respectif donnera naissance à une troisième énergie extrêmement puissante.

Donc, au lieu de voir comme des barrières infranchissables pour votre amour ce qui vous différencie de votre conjoint, essayez plutôt de découvrir ce que ces obstacles peuvent vous apporter. Demandez-vous sincèrement pourquoi vous auriez été attiré par une personne ayant des traits de caractère que vous ne possédez pas si ce n'est par un simple désir d'équilibre. Le hasard n'est qu'une conception de l'ignorance. Rien n'arrive qui n'ait une signification quelconque.

Cette recherche de complémentarité explique pourquoi un homme aux allures plus ou moins efféminées se retrouvera souvent avec une femme très masculine. Dans quel but? Simplement pour que chacun aille chercher en l'autre ce qui lui manque le plus afin de rétablir l'équilibre en lui. Et pourquoi une femme qui déteste le sport se retrouve-t-elle avec un mordu de la pêche ou du hockey? Ce peut être parce qu'elle doit apprendre à délaisser quelque peu ses tâches ménagères ou professionnelles pour mettre un peu plus souvent le nez dehors. Quant à l'homme, il aurait plutôt besoin du contraire, soit de tempérer sa passion, de ne pas la laisser prendre toute la place.

Pour quelle raison une femme ayant un désir d'évolution spirituelle très élevé se retrouve-t-elle avec un homme qui n'a aucune attirance particulière pour la spiritualité? Probablement parce que chacun a besoin d'apprendre le respect de l'autre et de faire l'expérience de la pondération, ce fameux juste milieu en tout! La femme pourra évoluer quand même, mais, avec son homme plutôt terre à terre, elle gardera plus facilement les deux pieds au sol. Et l'homme, s'il ouvre le moindrement les portes de son cœur, pourra profiter à sa façon des perles que sa femme aura semées.

La complémentarité entre les êtres est donc un autre moyen d'évolution que nous offre la vie, une chance d'atteindre un meilleur équilibre et une maturité à toute épreuve. Profitons donc de nos différences au lieu de nous en faire d'infranchissables barrières. Quand on comprend bien le véritable sens de la complémentarité entre les êtres, l'égalité entre l'homme et la femme prend une tout autre signification. On peut alors accepter plus facilement qu'un homme gagne moins que sa femme ou même qu'il reste à la maison, car ce qu'il apporte au couple est peut-être beaucoup plus riche et profitable qu'un simple bénéfice monétaire.

«Complémentarité» ne veut donc pas dire «égalité», au sens strict du mot, mais plutôt une fusion parfaite des forces qui caractérisent chaque être. Les pros de la vie à deux ont dépassé ce stade où l'argent gagné par chacun pouvait seul déterminer lequel des deux partenaires était le plus important ou lequel était le support de la famille. Deux êtres complémentaires ont la même importance, peu importe ce qu'ils sont ou ce qu'ils ont... C'est ce qu'ils s'apportent mutuellement qu'il faut considérer.

Mettre à son agenda de petites (ou de grandes) vacances, juste pour se retrouver

Personne ne peut comprendre l'importance des vacances s'il n'en a jamais pris lui-même. Un tel être peut difficilement concevoir le bien-être extraordinaire qu'on peut retirer d'une semaine ou deux passées à se gaver de soleil dans un endroit paradisiaque s'il n'a pas préalablement fait cette expérience! Dans le même ordre d'idées, bien des couples n'ont même jamais pensé à se réserver du temps pour se retrouver ensemble, juste tous les deux, complètement en dehors de l'atmosphère familiale, loin des contraintes du travail et des demandes incessantes des enfants. Pourtant, ces moments d'intimité sont cruciaux dans la vie à deux, surtout quand la passion des premières années s'est atténuée et que les routes des partenaires se sont peu à peu éloignées l'une de l'autre, victimes des tourmentes de la vie qui passe.

Toutes ces années où l'on n'a pas pris le temps de reprendre contact régulièrement l'un avec l'autre ont eu comme résultat que l'on est devenu deux étrangers vivant sous le même toit. C'est pourquoi de vieux couples se retrouvent à la retraite avec, entre les mains, du temps à n'en plus finir, lequel, pourtant, leur glisse entre les doigts parce qu'ils ne savent plus quoi en faire. Tout au long de leur vie, ils se sont éloignés l'un de l'autre tout en restant ensemble. Lorsque la vie les oblige à vivre de nouveau côte à côte, avec rien d'autre pour les distraire, ils se surprennent souvent à s'ennuyer... à moins qu'ils décident de se redécouvrir. C'est alors pour eux une seconde naissance de leur couple qui se réalise.

Mais, en nos temps modernes, les occasions de se retrouver sont beaucoup plus nombreuses. La société laisse plus de place aux loisirs, et personne ne peut désormais se donner l'excuse qu'il n'a pas le temps. Une seule nuit passée ensemble dans un endroit de rêve peut raviver une flamme que le temps a graduellement atténuée. C'est ainsi qu'un couple de mes amis a pris l'excellente habitude de réserver régulièrement, durant l'année, une chambre dans un bel hôtel situé à quelques kilomètres de leur domicile. Ce qui peut paraître ridicule pour certains constitue pour eux une occasion de rencontre privilégiée qui a l'effet magique de les ramener chaque fois l'un vers l'autre. De retour à la maison, ils retrouvent chacun leur place, non chacun de leur côté, mais de nouveau ensemble.

Et ne tombez surtout pas dans le piège des échappatoires en disant: «On verra ça plus tard... peut-être... si j'ai le temps... Je verrai si ça me tente.» Cette attitude trahit un refus de se prendre en main et tue dans l'œuf presque à tout coup toute tentative de rapprochement. Donnez-vous plutôt comme priorité que deux, trois ou quatre fois par année, s'il le faut, vous allez vous retrouver en dehors de la cellule familiale. Décidez dès maintenant de la forme que prendront ces escapades. Choisissez les endroits, les dates, les établissements où elles auront lieu. Notez-les tout de suite dans votre agenda, avec la mention «Priorité». Peu importe où vous irez et ce que vous ferez, ce qui compte c'est que vous vous sentiez bien tous les deux. Vous devez donner le plus souvent possible la première place à votre amour. Il est si facile de s'éloigner l'un de l'autre quand on a longtemps vécu ensemble...

S'assurer que tout a été fait avant de penser à se quitter

Au temps de nos parents, le divorce était pratiquement impossible à envisager. Maintenant, c'est tout le contraire! Un seul coup de fil à un avocat, une bonne valise pour recevoir toutes nos affaires, et hop! le tour est joué en moins de deux. J'exagère peut-être un peu — c'est ma façon d'en rire —, mais je veux bien faire voir les deux extrêmes qui ont été atteints en l'espace de seulement quelques années. Et comme on a souvent besoin de toucher les pôles opposés pour pouvoir se stabiliser dans le juste milieu, on peut maintenant dire qu'on est prêt à récolter les fruits qui ont été semés durant ces années d'extrémisme.

La jeune génération fait déjà partie de cette ère du Verseau qui est en train de pointer le bout de son nez. Ceux et celles qui la composeront auront comme tâche de redécouvrir la merveilleuse aventure de la vie à deux et aussi de rétablir l'équilibre. C'est pourquoi j'ai extrêmement confiance aux jeunes. Ils nous poussent à évoluer, à changer notre vision parfois archaïque des choses, qu'il s'agisse d'éducation, de politique ou de spiritualité. Cette génération sera celle de la vérité toute simple et du juste milieu en tout.

Mais revenons à aujourd'hui! Se séparer est une pratique tellement courante qu'à la moindre dispute, la première réaction de bien des gens est de s'exclamer: «Si c'est comme ça, je m'en vais.» Pour devenir des pros de la vie à deux, il faut toujours transcender cette réaction pour en arriver à la jeter définitivement aux poubelles, car elle annihile tout espoir et met en veilleuse toute volonté de s'en sortir. Ce qui n'empêche pas qu'elle puisse parfois effleurer notre esprit. Mais on doit la voir comme une émotion temporaire et la laisser passer. Ainsi, elle se perdra dans l'indifférence que l'on aura développée à son égard, avec le temps.

Avant même de penser à une éventuelle séparation, la chose la plus importante est, selon moi, de s'assurer en toute honnêteté et avec le plus de neutralité possible — de préférence avec l'aide d'une tierce personne indépendante du couple — que tout a été fait de notre part. Si vous en venez à la conclusion que vous avez tout tenté pour régler le problème et que vous êtes profondément convaincu que, quoi que vous fassiez, le résultat sera toujours le même, alors, la solution idéale est peut-être, effectivement, la séparation. De toute façon, il vous sera très facile, un peu plus tard, de juger si vous avez pris ou non la bonne décision. Si votre geste a été un peu trop hâtif, si vous n'êtes pas allé assez profondément au cœur du problème pour le régler, si vous en étiez la cause en tout ou en partie, si vous n'avez pas su retirer toutes les leçons de votre ancienne relation, vous attirerez probablement dans la suivante le même type de personne, laquelle vous fera vivre à peu près les mêmes émotions. Vous reprendrez la relation là où vous l'aurez laissée, mais peut-être en mettant plus de chances de votre côté, cette fois, un compagnon de vie plus compréhensif ou mieux adapté à cette étape que vous traversez. Par contre, si vous choisissez une personne qui ne ressemble en rien à votre ancien conjoint, c'est peut-être que vous avez réellement passé vos examens, et que vous êtes prêt à poursuivre votre route en n'ayant plus à connaître ni à expérimenter les problèmes que vous avez vécus.

Donc, dans le cas où vous devez prendre une décision importante concernant votre couple, la règle d'or serait de **faire tout ce qui peut être fait pour rétablir une harmonie durable, basée sur le respect mutuel.** Faites-vous-en un cas de conscience. Agissez en toute simplicité, **au meilleur de votre connaissance**. Si vous êtes réellement honnête envers vous-même, aucune erreur ne pourra être imputable à votre décision. Ainsi, vous laisserez loin derrière vous tout sentiment de remords, de culpabilité ou de regret, car vous aurez tout tenté...

Rire ensemble aussi souvent que possible

Avez-vous déjà entendu parler de ces fameuses thérapies par le rire? Eh oui! on soigne certains états d'âme en faisant rire les gens, ce qui a pour effet d'améliorer leur état de santé. Cela peut paraître bizarre et ridicule, mais c'est la vérité! Le rire dissipe les tensions. La preuve? Vous avez sûrement déjà remarqué, lorsque deux enfants se chicanent, puis qu'ils pouffent soudain de rire, que toute l'énergie négative qui s'était accumulée entre eux se nettoyait en une fraction de seconde et que la communication était rétablie comme par magie. Tous les grands sages que j'ai rencontrés avaient cette particularité de posséder le même sens de l'humour et de l'intégrer dans chacun de leurs enseignements. Aussitôt que leurs élèves entrent un peu trop dans leur mental, les grands maîtres dignes de ce nom utilisent l'humour pour que se rétablisse en douceur le contact entre leur tête et leur cœur.

Le rire est donc pour moi une denrée essentielle; il doit me nourrir chaque jour. Que ce soit sur le plan personnel ou sur celui du couple, il se passe rarement une heure sans que le rire fasse, d'une façon ou d'une autre, son apparition. D'ailleurs, Céline sait très bien que le plus beau cadeau qu'elle puisse m'offrir est son rire, et Dieu sait combien il est retentissant! Quant à moi, je ne manque jamais l'occasion de m'esclaffer avec elle. Que ce soit par l'entremise d'émissions de télévision comiques, de spectacles humoristiques, d'une aventure cocasse que nous avons vécue et que nous nous remémorons, tous les prétextes sont bons pour nous adonner à la rigolade. Le rire devient ma plus belle méditation.

Et vous, vous permettez-vous de rire pour tout ou pour rien? Est-ce un plaisir que vous vous réservez quand vous êtes seul ou préférez-vous le partager avec votre conjoint? Avez-vous peur de ce que peuvent penser les gens si vous éclatez de rire en public? Les gens qui n'aiment pas rire sont habituellement très malheureux. Parce qu'ils sont trop centrés sur eux-mêmes, ils ne se permettent que très rarement de laisser voir aux autres cette émotion qu'ils considèrent comme enfantine. Pour eux, le rire est un signe de faiblesse, un «manque de sérieux». Mais pour les pros de la vie à deux, l'humour est l'ami idéal qui les accompagne partout où ils vont. Il représente pour eux un outil supplémentaire qui les aide à renforcer leur complicité mutuelle. Le rire est une énergie sans cesse renouvelée qui purifie tout ce qu'elle touche et redonne de l'éclat à ce que le temps a terni. Riez donc votre vie au lieu de la pleurer! Allez... Chatouillez-vous...

Prendre sa place sans empiéter sur celle du conjoint

Nous vivons actuellement une période de prise de conscience planétaire qui a pris naissance dans les années soixante. Plusieurs femmes, jusque-là soumises à leur mari et souvent rabaissées au simple rang de servantes, apprirent soudainement qu'elles étaient les égales de l'homme et qu'elles avaient désormais le droit, au même titre que leur conjoint, de prendre la parole et de donner leurs opinions. Le féminisme était né sans crier gare, et cette révolution a pris l'homme par surprise. Par ailleurs, lorsque survient un changement majeur, l'humanité est souvent entraîné d'un extrême à l'autre avant que l'équilibre se rétablisse.

Ce mouvement de contestation a eu pour effet que plusieurs femmes ont alors décidé de prendre **leur** place, de s'affirmer, comme on se plaisait à le proclamer à l'époque. Bien souvent cette affirmation se faisait si rapidement et de façon si radicale que l'homme, jusqu'alors roi et maître incontesté, se retrouvait, en l'espace de quelques jours parfois, complètement démuni et relégué à son tour au rôle de valet après de glorieuses années de règne. De nombreuses unions en ont pris pour leur rhume durant cette période orageuse, car il arrivait que la femme ne prenait pas que **sa** place, mais **toute** la place, y compris celle de l'homme.

Aujourd'hui, l'équilibre s'est heureusement rétabli. Hommes et femmes ont pour la plupart compris que l'égalité recherchée était plutôt la reconnaissance d'une complémentarité visant à réunir les deux parties plutôt qu'à les séparer. Les pros de la vie à deux ont développé cette capacité de prendre leur place quand c'est nécessaire et de laisser l'autre prendre la sienne quand la situation l'exige. Ils savent confier les rênes à leur vis-à-vis lorsqu'ils en sentent le besoin, lorsque leur intuition les y invite. Rappelez-vous cet oiseau dont il a été fait mention dans le dernier chapitre de mon livre intitulé *Sur la voie de la sagesse*. Il avais appris, bien malgré lui, qu'il y avait un temps pour se trouver devant les autres et un autre pour être derrière, à les écouter et à apprendre d'eux. Comme cet oiseau, les deux partenaires du couple savent prendre chacun leur tour les commandes du vaisseau pendant que l'autre devient un simple matelot. Ils possèdent ce discernement qui leur permet de déterminer avec précision quand ils doivent intervenir et quand ils doivent se contenter de suivre la vague. Ils ont compris qu'il y a un temps pour parler et un autre pour écouter. Ainsi guidés par cette sagesse intérieure, personne ne prend la place de l'autre, chacun se laisse guider par l'intuition du moment, vers le rôle qui lui échoit et dans la situation qui se présente.

Une autre façon de discerner le degré d'équilibre d'un couple est d'observer l'engagement des deux parents dans l'éducation de leurs enfants. Si, comme c'est souvent le cas, la femme prend tout en main et ne laisse pas son homme trop s'en mêler, de peur qu'il ne fasse pas les choses correctement ou comme elle le voudrait, il devient beaucoup plus facile pour ce dernier de se retirer du dossier et de n'intervenir que dans les cas extrêmes.

Par contre, chez certains couples, les responsabilités sont mieux réparties. Dans les tâches scolaires de leurs enfants, par exemple, l'un des parents peut s'occuper des mathématiques, tandis que l'autre pourra se charger du français, et ainsi de suite selon les aptitudes de chacun.

Donc, prendre sa place ne veut pas dire prendre toute la place, voilà la différence. Le fait de répartir les tâches entre les deux parents peut créer une grande complicité entre eux et, par le fait même, avec leurs enfants. L'écueil à éviter, surtout au début, serait de faire sentir à l'autre qu'il exécute son travail moins bien que vous ne l'espériez, ou que les résultats seraient bien meilleurs si c'était vous qui vous occupiez de la tâche ou s'il s'en acquittait à votre façon! En agissant ainsi, vous risqueriez de vous retrouver très rapidement dans un cul-de-sac, avec toutes les tâches sur le dos...

Il faut donc, dans une relation de couple, laisser à chacun assez de place pour que les deux puissent travailler à parts égales, dans le domaine respectif qu'ils aiment et de la façon qu'ils désirent. Le seul fait de vouloir tout diriger peut détruire l'équilibre et réduire à néant la merveilleuse complicité qui est la caractéristique de tous les véritables pros de la vie à deux.

N'attendre de l'autre que ce à quoi il s'est clairement engagé

Un jour que je lisais l'ouvrage de Lise Bourbeau intitulé *Écoute ton corps, encore*, je fis une merveilleuse et pourtant évidente découverte. J'ai alors pris conscience de l'origine de bien des malentendus et de bien des souffrances chez la plupart des couples: les attentes mal exprimées ou non reçues. L'auteur y expliquait, avec sa simplicité habituelle, que si nous sommes souvent déçus dans nos attentes, c'est parce que celles-ci sont uniquement issues de notre désir de voir les choses se passer comme on le voudrait. Pour nous, il est tout à fait normal et prévisible que l'autre réagisse de telle ou telle manière, et si ce n'est pas le cas, on est tout surpris et même offusqué qu'il ne voie pas les choses de la même façon que nous. Par contre, s'il s'est clairement engagé à faire quelque chose, on est en droit de s'attendre que cela se concrétise, sinon on aura toutes les raisons de réagir.

On se crée tellement de fausses attentes! On espère avec ardeur le petit mot de tendresse laissé sur la table de cuisine par le conjoint, le matin... mais il a dû partir tellement vite qu'il a complètement oublié... Et ces remerciements pour le cadeau que vous lui avez acheté... lesquels ne viennent pas... Ou encore ce commentaire élogieux concernant votre nouvelle coiffure... qu'il n'a même pas remarquée parce qu'il avait la tête ailleurs, etc. Que de déceptions sont reliées à notre anticipation de la réaction de l'autre!

Pour contrer ces éventuelles déceptions, pourquoi ne pas prendre la bonne habitude d'exprimer clairement ses attentes à son compagnon, de lui faire part de ses désirs et de bien écouter par la suite s'il est prêt ou non à les combler. Ainsi, on ne sera pas déçu à cause d'une réaction imprévue ou d'un oubli qui serait imputable à un élément complètement extérieur et qui serait totalement indépendant de l'amour qu'on nous porte. Supposons, par exemple, que votre conjoint a la fâcheuse habitude, depuis quelques années, d'oublier votre anniversaire, une situation qui vous horripile au plus haut point parce que, contrairement à lui, cet événement revêt une importance primordiale pour vous. Prenez alors le soin de le lui rappeler souvent... ou, encore mieux, efforcez-vous de n'attendre rien de lui! C'est le plus sûr moyen de ne pas être déçu!

Permettez-moi de terminer ce chapitre en vous citant un paragraphe du livre précité de Lise Bourbeau: «Pour arriver à ne plus avoir d'attentes inutiles, tu dois apprendre à communiquer davantage tes désirs aux autres. Mais tu ne dois pas t'attendre à ce que l'autre le fasse automatiquement parce que c'est ce que tu désires. Apprends à lâcher prise quand l'autre ne veut pas s'engager à agir selon ton désir. Donne-lui le droit de décider pour lui-même. Quand tu communiques clairement tes désirs par rapport à quelqu'un d'autre, il est possible qu'il soit plus porté à vouloir te faire plaisir parce que tu le respectes suffisamment pour jouer franc jeu et que tu acceptes d'avance sa décision qu'elle qu'elle soit.» (*Écoute ton corps, encore*, page 42)

Il y a toujours une solution qui vous attend, et les deux conjoints doivent en faire partie

Combien en a-t-on vu de ces couples où l'un des partenaires voulait tellement éviter la confrontation qu'il prenait toujours tout sur ses épaules, jusqu'au jour où il craquait et s'écrasait sous le poids de responsabilités qui, en réalité, ne lui incombaient qu'à moitié. C'est souvent lui qui attrapait tous les problèmes au vol et s'empressait de les cacher sous son aile afin que l'autre n'en soit pas perturbé ou qu'il ne se mette inutilement en colère. Ne nous y trompons pas, cette façon d'agir peut être guidée par divers sentiments, très différents les uns des autres: un grand esprit de compassion, la peur de l'autre, la crainte de ne pas être aimé, etc.

Si les deux éléments d'un couple n'ont pas la maturité nécessaire pour regarder **ensemble** les difficultés qui se présentent et se mettre **tous les deux** à la recherche de solutions, ils ne pourront jamais avancer ensemble vers cette relation de plus en plus sereine et équilibrée qui caractérise si bien les pros de la vie à deux. Il est donc primordial que chacun prenne d'abord conscience du problème, puis que les deux fassent ensuite front commun pour le résoudre. Un conflit non réglé peut s'atténuer avec le temps, mais il se manifestera à nouveau un peu plus tard, jusqu'à ce qu'un jour l'abcès crève, entraînant des conséquences souvent irréparables.

Lorsqu'un bateau traverse la mer et qu'il rencontre une tempête violente et imprévue, tout l'équipage et même les passagers participent à l'opération de survie et ils restent sur un pied d'alerte tant que le calme n'est pas revenu. Si le capitaine reste à la barre pendant que tout le monde dort dans sa cabine, le navire risque de sombrer très rapidement. Par contre, si tous y vont d'un effort commun afin de garder le navire à flot, ils passeront au travers de l'orage et sortiront de l'épreuve plus forts et plus unis qu'auparavant.

C'est ainsi qu'agissent les couples heureux et conscients de la force qui émane de leur amour, le membre le plus «éveillé» des deux se chargeant souvent de maintenir ce précieux contact en toute circonstance. Si ce contact est coupé, l'un des deux partenaires pourrait, par exemple, se dire que si l'autre préfère régler les problèmes tout seul, à sa façon, il n'y a aucune raison pour qu'il dépense ses énergies inutilement, sachant que son opinion ne sera probablement même pas écoutée. Alors, aussitôt qu'il sent la tempête se lever, il s'éloigne tout simplement, laissant le capitaine faire le travail tout seul, comme d'habitude. Cette attitude entraîne un évident déséquilibre et éloigne de plus en plus l'un de l'autre les membres du couple. Les plus grands liens qui unissent deux êtres se tissent lorsqu'ils doivent relever un défi ensemble, ou qu'ils doivent se serrer les coudes pour passer à travers une difficulté commune. C'est en effet lors des grandes catastrophes que les peuples se rapprochent, qu'ils oublient leurs divergences et participent pleinement aux opérations de sauvetage et de reconstruction. Lorsque la survie est en jeu, le rang social ou la richesse n'a plus aucune importance.

Il en est ainsi pour le couple. Quand survient un conflit, les deux doivent chercher la solution, et les deux doivent également en faire partie. Prenez conscience de la force et de la complicité qui peuvent résulter du fait que vous régliez ensemble tous vos problèmes, petits ou grands. Par ailleurs, si vous avez l'habitude de tout prendre sur vos épaules et si vous souhaitez désormais obtenir la participation de votre conjoint, n'instaurez pas les changements de façon trop brusque. Votre conjoint risquerait de s'éloigner encore plus, n'ayant pas compris vos nouvelles motivations. Expliquez-lui plutôt votre point de vue et les raisons pour lesquelles vous voudriez qu'il s'investisse davantage dans la résolution des conflits. Dites-lui que le fait de régler les problèmes ensemble constitue une excellente occasion de se rapprocher l'un de l'autre. Redonnez-lui de la place, faites-lui confiance et, de grâce, ne reprenez pas les rênes au premier signe de faiblesse ou au premier échec de sa part. Laissez-lui le temps de s'adapter aux nouvelles responsabilités qui lui incombent. N'oubliez jamais que vous n'êtes pas infaillible ni indispensable, et qu'un conflit peut être réglé de bien des façons différentes, tout en amenant des résultats semblables. Considérez donc les tempêtes comme un moyen de vous rassembler sur le pont et de mettre tous les deux la main à la barre...

Abandonner certaines vieilles habitudes qui ne conviennent plus au couple

Combien de petites manies conservons-nous simplement parce que nous avons toujours fait les choses ainsi? Qu'on le veuille ou non, les temps changent, les amis aussi. Notre façon d'agir évolue au fil des ans car nous évoluons nous-même de jour en jour. Nous n'agissons plus maintenant comme nous le faisions il y a dix ans, et nous ne pouvons prédire avec exactitude quelles seront nos réactions futures. Avec le temps, nos priorités se transforment, mais souvent, peut-être à cause de notre besoin de sécurité, les habitudes acquises ont tendance à rester bien accrochées en nous. Sans nous en rendre compte, nous effectuons de nombreuses tâches inutiles rien que par habitude. Nous avons tous nos petits rituels auxquels nous tenons comme à la prunelle de nos yeux. Mais ceux-ci peuvent un jour devenir pesants, superflus et même contraignants pour les autres. Il est donc important d'y faire le ménage régulièrement.

Je me souviens très bien de la période où Céline et moi avons commencé à nous intéresser au développement personnel et à la spiritualité. Cette époque correspondait à celle où l'on doit habituellement faire face à ses plus gros défauts, ceux que l'on ne voit plus tellement ils sont imprégnés en nous depuis des décennies. Le premier, et non le moindre, auquel je fus confronté est le jugement. En ce temps-là, j'avais en effet une propension déconcertante à juger les autres. Cette habitude de longue date avait pour effet d'attirer vers moi les gens et les événements qui me permettaient de m'adonner à ma guise à ce sport, où j'étais d'ailleurs devenu maître. Je fis un examen de conscience et me rendis compte de l'étonnante prépondérance de ce penchant en moi, qui existait depuis belle lurette.

Lorsque nous allions souper chez des amis, par exemple, la soirée se passait souvent à critiquer telle ou telle personne, à relever les défauts d'à peu près tout le monde que nous connaissions. Soudainement conscient de tout le mal que je créais ainsi autour de moi et en moi, je décidai que dorénavant, je ferais tout en mon pouvoir pour que cesse cette mauvaise habitude. J'entrepris ma démarche avec Céline qui pouvait efficacement m'appuyer, du fait qu'elle était moins animée par ce mauvais penchant à juger les autres.

Vous comprendrez que, par la force des choses, nos amitiés ont changé énormément. Nous évitions désormais les soirées tumultueuses où les couteaux volaient trop bas pour nous contenter de rester plus souvent à la maison, à lire ou à se parler. À notre grand bonheur, les amitiés que nous avions laissées derrière nous furent vite remplacées par d'autres, plus profondes et qui correspondaient un peu mieux à nos nouvelles aspirations.

La vie se chargeait admirablement bien, et à notre insu, de remplir les vides laissés par les anciennes habitudes que nous avions décidé d'abandonner. À l'instar de nombreuses personnes qui ont peine à se détacher du passé, nous aurions pu nous accrocher désespérément à ces amitiés révolues. Mais l'objectif commun que nous poursuivions demandait qu'on laisse derrière nous ce qui ne correspondait plus à nos nouvelles aspirations spirituelles.

J'ai toujours présentes à la mémoire ces paroles d'un homme très sage qui m'avait répété à maintes reprises que si je voulais recevoir du neuf, il fallait d'abord que je fasse de la place à la nouveauté, et que cela ne pouvait se produire qu'en jetant du vieux. Quelle vérité cet homme m'avait-il servie alors! Je venais enfin de comprendre la loi universelle de la circulation continuelle de l'énergie. Tout ce qui reste sur place pourrit ou, du moins, se détériore dans la passivité. Le mouvement, par contre, entretient la vie. Les personnes âgées qui ont compris ce concept peuvent ajouter à leur vie de nombreuses années de bonheur et de recherche. On les reconnaît d'ailleurs à l'étincelle qui brille toujours dans leurs yeux.

N'hésitez donc pas à vous lancer, vous aussi, à la recherche de ces façons de faire qui appartiennent au passé, pour les jeter par-dessus bord à la première occasion. Vous arrive-t-il, par exemple, de fréquenter des amis juste par habitude, même si vous n'avez plus rien de commun avec eux? Passez-vous encore vos soirées de fin de semaine dans les bars ou les discothèques, juste parce que vous l'avez toujours fait alors que, dans le fond, vous aimeriez mieux rester tranquille chez vous, à regarder un film ou à lire un bon livre? Traînez-vous depuis longtemps certaines manies qui vous empêchent d'évoluer, d'être plus libre de vos actions? Qu'est-ce qui pourrait aider votre couple à avancer davantage? Quelles activités pourraient vous rapprocher encore plus au stade actuel de votre évolution de couple? Essayez de répondre à ces quelques petites questions avec votre conjoint, du moins à celles qui vous concernent directement, puis ouvrez la porte au nouveau dans votre vie. Ne craignez jamais d'être perdant si vous laissez quelque chose derrière vous, car ce quelque chose sera toujours remplacé avantageusement. C'est là une loi immuable de tous les temps, la loi de l'évolution!

La chambre à coucher, ce repaire sacré...

Y a-t-il un endroit plus intime que la chambre à coucher? Pourtant, combien d'«étrangers» on y retrouve... par la seule présence des objets qu'on y a mis! En effet, si vous acceptez le principe que tout est énergie, vous admettrez que chaque chose est imprégnée et animée par les énergies de ceux-là mêmes qui l'ont fabriquée, manipulée, donnée, etc. Avez-vous pensé au nombre de personnes qui habitent — c'est une façon de parler — avec vous dans votre propre maison? Voilà les paroles que j'entendis un jour lors d'une conférence. Elles m'ont fait prendre conscience du lien qui existait entre les choses et les êtres qui font partie du monde dans lequel nous vivons.

À mon retour à la maison, je m'amusai à faire le tour de ma chambre à coucher afin de découvrir si des intrus ne s'y étaient pas glissés avec les années! Quelle ne fut pas ma surprise de constater que ma table de chevet était garnie de plusieurs photos: celle de ma mère ainsi que celles de plusieurs parents et amis. Ces personnages, qui étaient là depuis belle lurette, étaient présents jour et nuit dans ma propre chambre à coucher! Sur les murs étaient suspendus des cadres dont j'avais même oublié l'existence tant il y avait longtemps qu'ils se trouvaient là. Sur les bureaux foisonnaient bibelots et cadeaux qui nous avaient été offerts, à Céline et à moi, durant toutes ces années.

Et mes souvenirs de voyage... la chambre en débordait! Et toutes ces choses — il n'y avait là-dessus aucun doute dans mon esprit — étaient effectivement animées d'une partie des énergies de ceux qui les avaient créées ou manipulées. Pouvez-vous alors imaginer le nombre de personnes qui étaient présentes dans ce repaire qui aurait dû, en réalité, être pour nous le lieu le plus secret et le plus intime de toute la maison?

Sans accorder trop d'importance à cette situation, nous décidâmes quand même de tenter l'expérience et de faire un grand ménage dans la pièce. Nous transportâmes certaines choses ailleurs, pour ne conserver que nos objets personnels ou ceux qui nous étaient communs. Quelle ne fut pas notre satisfaction de constater qu'un changement s'était produit? Tout devint subitement plus calme et plus serein. Le niveau de vibrations s'éleva de façon remarquable. Depuis lors, la chambre à coucher est devenu mon lieu de prédilection lorsque je veux méditer et retrouver la paix du corps et de l'esprit.

Un autre élément que je veux signaler, c'est que, depuis les premières années de notre mariage, nous avions l'habitude d'offrir notre lit aux visiteurs qui devaient séjourner chez nous. Inutile d'ajouter que nous avons mis fin à cette vieille coutume et que nous nous en sommes félicités. Notre chambre à coucher était devenue notre repaire sacré.

À votre tour, faites une petite ballade d'exploration dans votre chambre à coucher. Délogez les intrus que vous avez laissé y prendre place au fil des années. Ressentez ensuite la différence de vibrations qui s'installera à mesure que vous reprendrez possession des lieux. Vous ferez probablement de merveilleuses découvertes que vous pourrez ensuite appliquer à d'autres endroits de votre maison.

Mais je vois déjà certains excessifs passer aux extrêmes... Inutile de balancer tous vos meubles du haut de votre balcon ou de vous débarrasser de vos souvenirs les plus précieux sur un coup de tête! Vous pouvez vous contenter de simplement placer les choses où elles doivent être et de jeter ou de donner ce qui vous est complètement inutile. Allez-y progressivement, en utilisant toujours comme guide votre gros bon sens et votre précieux sens de l'équilibre et du discernement en tout. Ne vous entourez que de beauté, c'est tellement important. Celle-ci vous nourrira à votre insu. Si vous vivez seul, gardez les choses qui se rapportent à votre vie intime. Si vous êtes en couple, essayez de vous entourer de ce qui vous est commun, de ce qui peut vous rappeler l'amour qui vous unit ou de ce qui peut vous inciter à vous élever tous les deux.

Bon ménage...!

Respecter les amitiés du couple comme les amitiés individuelles

Quand deux personnes forment un couple, il n'est pas nécessaire qu'elles laissent en bloc leur passé derrière elles pour repartir ensemble dans une autre direction. Cette attitude peut parfois s'avérer bénéfique, mais, la plupart du temps, le couple nouvellement formé constitue un amalgame de deux personnalités différentes, lesquelles apporteront leurs forces, leurs croyances et leurs aspirations respectives avec, par surcroît, leurs amitiés. De la somme de ces apports naîtra une entité différente, quoique plus complète. Nous l'appellerons le «nous». Vous devez être au courant de la croyance populaire qui dit: «Qui prend mari prend pays»? Ce qui signifie que, lorsqu'on se marie, on doit laisser son passé derrière soi, en particulier ses amis «de jeunesse».

Durant les premiers temps de ma relation avec Céline, je ne fis pas exception à la règle. Je tombai également dans le piège, et cessai de nourrir ces amitiés du passé qui me manquaient pourtant beaucoup. Puis, peu à peu, je repris contact avec eux et renouai avec certains, mais de façon différente, des liens d'amitié. Je m'aperçus alors que les amitiés qu'on ne cultivait pas tombaient souvent dans l'abandon ou l'oubli.

Maintenant, nous avons des amis personnels chacun de notre côté, et nous avons appris, avec le temps, à nous respecter là-dedans. Si un de mes copains semble déplaire à Céline ou si elle n'a tout simplement pas d'affinités avec lui, je cherche à aller chez lui plutôt que de le recevoir à la maison, et mon épouse agit de la même façon avec ses propres amis. Il est bien évident que certains de ces amis sont devenus par la force des choses, ceux de notre couple; les relations entre nous se sont simplement modifiées. En d'autres mots, nous donnons aux deux sortes d'amitiés — l'amitié de couple et l'amitié individuelle — le droit d'exister à part entière et en même temps. Vingt ans plus tard, ce respect pour l'autre subsiste toujours. Nous ne nous empêchons jamais de voir quelqu'un chacun de notre côté si nous préférons ne pas le faire en couple, ce qui se produit d'ailleurs de plus en plus rarement.

Cette liberté d'action que nous nous accordons est très importante, car elle nous permet de conserver notre identité, cette individualité qui nous distinguera toujours fondamentalement l'un de l'autre. De toute façon, les pros de la vie à deux vous diront que plus le temps passe, plus leur amour grandit, et plus leurs amitiés se rejoignent aussi. L'important, c'est de toujours donner à l'autre, dans la mesure du possible, le droit et la liberté de s'éloigner momentanément de la cellule familiale afin de refaire le plein, pour pouvoir ensuite revenir encore plus épanoui. Je dois avouer qu'un de mes plus grands plaisirs est de savoir Céline heureuse en compagnie de ses amis, même si je ne suis pas à ses côtés. Je sais qu'elle me reviendra toujours le cœur léger et détendu, avec plein d'anecdotes à me raconter.

Prenez donc maintenant conscience des amitiés qui concernent votre couple et de celles qui vous sont plutôt personnelles. Accordez-vous à l'autre la liberté d'avoir ses propres amis? La confiance et la maturité sont-elles suffisamment grandes dans votre couple pour que chacun puisse tirer parti de cette liberté que vous vous offrez ou que vous désireriez vous offrir? Vous sentez-vous obligé de jouer un rôle devant certains des amis de votre conjoint simplement pour lui faire plaisir ou pour ne pas le décevoir? Pourriez-vous facilement accepter que votre conjoint vous laisse aller seul à un rendez-vous que vous ne voulez pas manquer mais auquel lui n'a aucunement le goût d'assister? La règle d'or en ce domaine est que la liberté d'action doit toujours être mutuelle et être clairement établie par les deux partenaires. Elle mène alors vers un plus grand épanouissement, autant celui du couple que celui de ses deux éléments pris séparément.

Savoir se donner de l'air de temps en temps

Tous les pros de la vie à deux vous diront que leur expérience commune leur a appris qu'une relation trop exclusive entre deux êtres pouvait rapidement entraîner un sentiment d'étouffement peu salutaire à la survie du couple. Au tout début, il est normal que les amoureux aient l'impression qu'ils sont seuls au monde et qu'ils veuillent se retrouver très près l'un de l'autre. Mais quand la passion des premiers jours s'est un peu apaisée, il est alors temps de se donner de l'air, d'aérer la relation... Vouloir maintenir constamment l'autre près de soi ou le suivre pas à pas dans tous ses déplacements peut devenir harassant à la longue, surtout pour la personne qui subit cette contrainte, car elle a alors l'impression qu'un étau se resserre sur elle.

Je suis moi-même un de ces êtres qui recherchent les contacts continuels avec mon épouse, un petit baiser par-ci, un autre par-là, une tape amicale, une main passée dans les cheveux, etc., vous voyez le genre...? Collant... Par contre, Céline, elle, a besoin d'être plus souvent seule dans ses énergies. Si je ne respecte pas son désir de solitude et que je lui impose ma présence lorsqu'elle se trouve dans ses périodes d'introspection, je sais maintenant que je l'empêche de respirer — pour utiliser ses propres termes. Avant que je ne me rende compte de cette différence entre nous, je percevais ce refus d'accepter mes caresses comme un manque d'amour à mon égard. Je sentais chaque fois monter en moi le fameux «syndrome du rejet». Mais avec les années, et grâce à nos efforts de communication, j'ai compris que ce n'était pas du tout le cas. En agissant comme elle le faisait, tout ce que voulait Céline, dans le fond, c'est que je respecte et accepte qu'elle ait ses moments d'intimité propres, ce qui n'avait aucun rapport avec son amour pour moi.

Ayant pris conscience que nous avions à cet égard des goûts bien différents, nous convînmes simplement de faire chacun un bout de chemin vers l'autre et de tâcher d'être un peu plus à l'écoute de nos besoins mutuels. De par ma nature, je suis et je serai toujours porté à exprimer constamment mon amour par des gestes; mais maintenant que je suis un peu plus à l'affût des réactions de mon épouse, je n'insiste jamais si j'essuie un refus ou si je déclenche un mouvement d'impatience de sa part. Je ne me sens plus rejeté pour cela. Quelle libération, croyez-moi! Quant à elle, lorsqu'elle sent le désir que j'ai de lui témoigner physiquement mon amour, elle m'ouvre plus souvent les bras et accepte mes gestes d'affection. Encore une fois, nous avons trouvé la solution, à mi-chemin entre nous deux. Ah! ce juste milieu, quelle trouvaille!

Une communication claire et sans jugement est et restera sans conteste le terrain d'entente idéal où pourront se régler tous les conflits du couple. Si vous n'aimez pas que votre conjoint vous manifeste son affection de telle ou telle manière, de grâce, dites-le-lui au lieu de continuer à subir et risquer un jour d'exploser... Vous pensez peut-être qu'il devrait s'en apercevoir tout seul, qu'il devrait savoir que telle manie vous tombe sur les nerfs. Mais non, il y a de grosses chances pour que ce ne soit pas le cas et qu'il accumule sans mot dire, dans sa carapace, tous ces petits rejets de votre part qu'il sent depuis des années. Expliquez-lui, par la même occasion, la façon dont vous préféreriez qu'il agisse avec vous.

Après tout le temps passé ensemble, on croit se connaître, ce n'est pas toujours le cas. Laissez-moi vous citer un exemple. Depuis ma plus tendre enfance, j'ai toujours adoré qu'on me passe la main dans les cheveux et je croyais qu'il en était ainsi pour tout le monde. Mais chaque fois que je posais ce geste à l'endroit de mon épouse, elle se dressait sur sa chaise ou déplaçait sa tête pour que j'arrête. Je ne comprenais pas et me renfrognais de plus belle dans mon... rejet! Un jour, elle me dit que ce geste l'énervait au plus haut point et qu'elle n'avait jamais pu le supporter. J'en restai sidéré! Si j'avais su... Et moi qui croyais pendant tout ce temps, qu'elle en avait contre moi. Ah! la sainte communication...

Faites donc une liste de ces petits gestes qui vous agacent et que vous êtes probablement le seul à connaître. Par quoi voudriez-vous qu'ils soient remplacés? Vous arrive-t-il de manquer d'air en certaines occasions lorsque vous êtes avec votre ami? S'il modifiait sa façon d'exprimer ses sentiments envers vous, cela vous aiderait-il à respirer un peu mieux? Quels compromis pourriez-vous faire pour que vos désirs et vos pulsions personnels soient satisfaits? Êtes-vous prêt à mettre de l'eau dans votre vin pour vous rejoindre à mi-chemin? Apprenez à vous donner de l'air quand c'est le temps. C'est le meilleur moyen de garder votre amour sain et... bien aéré.

À chaque mésentente, prendre le temps d'écouter attentivement ce que l'autre a à dire

Lorsqu'on est perturbé par les émois ou encore lorsqu'on se trouve dans le feu de l'action, on a souvent tendance à sauter un peu trop rapidement aux conclusions et à rejeter d'emblée tous les torts sur l'autre. Combien de malentendus naissent de cette incapacité à s'informer des motivations qui peuvent pousser une personne à agir d'une façon que l'on considère répréhensible ou qui est simplement différente de la nôtre! Il ne s'agit évidemment pas ici d'excuser inconditionnellement tous les gestes disharmonieux qui peuvent être posés, mais plutôt d'apprendre à transcender les jugements trop vite portés par notre ego qui y va de ses mille et un arguments intellectuels. On peut ensuite entreprendre une démarche de compréhension plus globale des choses. Si vous réussissez, ne serait-ce que pendant quelques instants, à sortir du monde des émotions pour vous élever jusqu'à celui de l'âme, par la méditation ou par votre seul bien-être intérieur, vous pourrez plus facilement trouver la véritable cause de chacun des événements qui survient dans votre vie. Je suis foncièrement convaincu que rien n'arrive par hasard, que chaque situation peut nous permettre d'avancer d'un pas si nous voulons bien nous en accorder la permission.

En fouillant dans votre passé, vous pouvez sûrement trouver des situations qui, sur le coup, vous sont apparues injustes mais qui, quelque temps plus tard, se sont avérées d'une grande utilité dans votre cheminement. Il vous est d'ailleurs probablement arrivé de poser un geste en pensant réellement bien faire, mais que ce geste se soit ensuite retourné contre vous, parce qu'il aura été mal interprété. Vos motifs pouvaient être très louables, mais on a cru que vos intentions étaient tout autres, sans vous demander de vous expliquer. Si vos détracteurs avaient pris la peine d'écouter attentivement vos explications, ils auraient sûrement compris ce qui vous avait poussé à agir comme vous l'avez fait.

Je me souviens de ce commercial présenté à la télévision où l'on voyait un homme escaladant une montagne. Ce personnage, dont le but n'était, évidemment, que de vanter les mérites d'une quelconque margarine, s'arrêtait soudain et, faisant face à la caméra, il disait: «Ne jugez jamais quelqu'un sans avoir fait préalablement un kilomètre dans ses souliers!» Quelle vérité importante était ainsi exprimée à la population! Ce message, qui a été diffusé pendant des mois sur un bon nombre de chaînes, devait d'ailleurs produire des effets beaucoup plus importants que ceux prévus par ses diffuseurs. La preuve? Je le cite en exemple depuis des années dans mes conférences! À bien y penser... je ferais peut-être moi-même un excellent vendeur de margarine...

Lorsqu'une personne pose un geste, la plupart du temps, elle croit bien faire. En général, la nature humaine est mue par une constante pulsion qui pousse l'homme à agir dans le but de se faire aimer. Même si ses gestes peuvent sembler négatifs pour la majorité, au fond de lui-même, cet homme est fermement convaincu de leur importance. Le meilleur exemple qui puisse illustrer ce concept est peut-être celui qui met en cause les anciens bourreaux, qui croyaient faire un acte humanitaire en exécutant les condamnés à mort. La plupart d'entre eux avaient sûrement une grande foi en leur mission; pourtant, leur conduite était considérée par plusieurs comme étant aussi répréhensible que celle des gens qu'ils tuaient. On peut donc inverser tout jugement humain en modifiant sa façon de voir les choses.

Si une mésentente survient entre vous et une autre personne, ne la condamnez pas trop rapidement. Ayez plutôt la sagesse de laisser aux flammèches allumées par les émotions le temps de s'atténuer un peu et aux cendres l'occasion de retomber sur le sol. Ensuite, adressez-vous calmement à la personne concernée, sans l'accuser, de manière qu'elle ne se sente pas acculée au pied du mur. Ne la bousculez pas par votre insistance. Expliquez-lui que vous désirez sincèrement comprendre les raisons qui l'ont poussée à agir comme elle l'a fait et faites-lui part de ce que vous avez ressenti au fond de vous-même. Si vous réussissez à créer un réel climat de confiance, de très belles perles pourront alors sortir du sac et contribuer à constituer un nouveau trésor. Un détail insignifiant vous a peut-être échappé, et c'est lui qui pourra faire naître en vous comme en l'autre une toute nouvelle compréhension. Ainsi, les drames montés de toutes pièces en votre monde secret des émotions seront dénoués.

N'oubliez pas cette merveilleuse conception hindoue de la trinité dont je vous ai parlé et qui a été précédemment illustrée dans ce livre. Elle se résume ainsi: toute création (*Brahma*) se transforme en action (*Vishnu*) puis subit un jour une destruction (*Shiva*). Si on ne lui met pas de bâtons dans les roues, cette destruction amènera inévitablement une nouvelle création, et ainsi de suite, comme une roue sans fin. Si vous ne donnez pas à l'autre l'occasion de s'expliquer, comment pouvez-vous espérer comprendre ses motifs réels? Vous allez au contraire vous complaire dans vos jugements négatifs et vous resterez peut-être alors trop longtemps prisonnier de votre destruction, retardant ainsi la création de quelque chose d'encore plus beau qui vous attend à quelques centimètres en avant!

Demander régulièrement à l'autre son avis

Comment réagiriez-vous si votre conjoint venait, à brûle-pourpoint, vous demander votre avis sur un problème qu'il a à régler au bureau, ou encore sur la pertinence d'une décision qu'il a prise ou qu'il s'apprête à prendre, ou même sur une difficulté personnelle qu'il doit affronter? Ne vous sentiriez-vous pas valorisé en sachant qu'il fait assez confiance à votre jugement pour vous demander votre opinion? Cela ne créerait-il pas une nouvelle complicité entre vous? Le fait de se parler ouvertement et positivement de ses problèmes, que ceux-ci se rapportent au couple ou qu'ils y soient complètement étrangers, a comme effet immédiat de valoriser énormément la personne de qui on sollicite l'avis. S'établit alors une toute nouvelle complicité au cœur même du couple.

Mais on a tellement peur de déranger ou d'ennuyer notre vis-à-vis avec nos problèmes qu'on préfère plutôt se taire et faire semblant que tout va bien. À mon avis, seules nos attitudes négatives peuvent éventuellement ennuyer l'autre, par exemple, si on lui sert d'interminables jérémiades qui n'amènent rien de positif. Par contre, si, au lieu de submerger l'autre avec tous les événements négatifs accumulés durant les dernières heures, nous lui demandons s'il n'aurait pas une idée pour nous aider à régler tel ou tel problème survenu durant la journée, la discussion pourra prendre une tout autre direction. Avec un peu de bonne volonté et de confiance en l'autre, ce qui aurait normalement pris l'allure d'un monologue fade et assommant deviendra un véritable dialogue, agréable et fructueux. En effet, quoi de mieux qu'une personne neutre, en qui on a confiance, pour nous proposer une route à suivre lorsqu'on ne sait plus où aller? Nous connaissant probablement mieux que tout autre, notre conjoint est la personne qui saura le plus facilement déceler ce qui pourrait nous faire découvrir plus rapidement la solution recherchée.

Les pros de la vie à deux ont développé entre eux cette confiance et ils manifestent une complicité de tous les instants, ce qui leur permet de tout se dire. Au retour du travail, par exemple, ils se racontent brièvement leur journée; ils rient des événements cocasses — il y en a toujours — et se consolent si des nuages sont venus assombrir leur ciel. Ils demandent souvent l'avis de l'autre afin de vérifier s'ils ont pris la bonne décision ou s'ils ont agi correctement dans telle ou telle situation. Chacun prend le temps d'écouter l'autre attentivement. Si un commentaire est demandé, ils le donnent; sinon, ils se taisent ou expriment brièvement leur accord ou leur désaccord, toujours avec la plus grande neutralité possible, et sans porter de jugement.

Ce petit rituel d'écoute s'est installé automatiquement dans notre couple depuis quelques années. Il prend place au retour à la maison ou durant la promenade qui suit le souper. Nous nous sentons ainsi plus utiles l'un envers l'autre et, par le fait même, nous profitons énormément de nos expériences personnelles. La plupart des couples qui ne se donnent pas ce droit à l'engagement mutuel ont peur de s'ingérer dans les affaires de l'autre ou encore ils croient que les problèmes de l'un ne doivent pas rejaillir sur l'autre. De toute façon, ils sont convaincus que leurs soucis leur appartiennent en propre et qu'ils ne regardent qu'eux! S'ils savaient qu'au contraire, cette valorisation de l'autre est d'une utilité primordiale et que leurs problèmes peuvent devenir une occasion de se réunir pour grandir ensemble...

Encore une fois, il faut bien distinguer les interminables complaintes, ennuyeuses et ternes, des conversations positives qui, elles, peuvent mener quelque part. Essayez et vous verrez! Vous découvrirez peut-être que votre conjoint, si vous lui en donnez la chance, a une meilleure écoute que vous ne le croyiez, et qu'il est sans doute celui sur lequel vous pouvez le plus compter dans les situations difficiles qui font partie de votre quotidien.

Avez-vous déjà expérimenté ce genre d'approches avec votre vis-à-vis? Seriez-vous prêt à faire les premiers pas et à lui demander son avis sur un problème quelconque auquel vous êtes confronté? Pourquoi ne pas vous réserver chaque soir du temps dans ce but? Quelques minutes suffisent pour discuter de ce qui s'est passé durant la journée et qui ne concerne pas nécessairement la vie de couple. Vous verrez combien cette attention que vous vous accorderez peut vous rapporter de dividendes...

Rechercher la compagnie des gens heureux

«Qui se ressemble s'assemble», clame avec tant de vérité le dicton populaire. Regardez autour de vous et vous en aurez constamment la preuve. Les gens qui aiment parler de leurs maladies se retrouveront tout naturellement entre eux, à en discuter et à ressasser interminablement leurs symptômes toute la journée durant. Et ceux qui pensent négativement attireront vers eux les éternels plaignards qui se délecteront de se raconter leur série de malheurs. Suivant ce principe des affinités, les personnes qui ont une ouverture spirituelle auront plus de chances de s'élever s'ils fréquentent d'autres personnes qui ont adopté cette même ligne de pensée. Nous attirons donc, sans le vouloir, les gens qui nous ressemblent ou, du moins, ceux qui pensent comme nous, et c'est tout à fait normal.

Ce constat expliquerait donc pourquoi, lorsqu'on change sa façon de voir les choses, nos anciennes amitiés, qui ne correspondent plus à notre nouvel état d'esprit, sont automatiquement remplacées par d'autres, plus conformes à nos idées actuelles. Ainsi, si vous fréquentez, par obligation ou à cause d'habitudes qui ne vous conviennent plus, des couples qui se disputent constamment ou qui sont sur le point de se séparer, ne vous surprenez pas si vous subissez un jour les contrecoups de cette situation. En revenant chez vous, vous rapporterez des vibrations négatives que vous aurez tendance à appliquer à votre propre couple si vous n'y faites pas attention. Le même processus vaut également lorsque vous baignez dans l'énergie d'harmonie qui règne chez les gens heureux. Vous resterez automatiquement sur une erre d'aller extraordinaire qui saura vous donner des ailes.

Si vous formez un couple heureux, vous êtes à même de constater que vous attirez vers vous des gens qui vivent une séparation, une peine d'amour ou de la solitude et qui ont besoin de cette énergie que vous dégagez pour pouvoir retrouver un certain équilibre et poursuivre ensuite leur route plus aisément. Ne ménagez donc ni vos efforts ni votre disponibilité. Recevez-les et donnez-leur ce dont ils ont tant besoin: de simples parcelles d'amour cueillies dans ce bouquet que vous avez fait fleurir entre vous deux. Dans le même ordre d'idées, si vous connaissez des couples heureux, visitez-les plus souvent. Dites-leur ce que vous admirez en eux; ils n'en sont peut-être pas conscients et, d'une certaine façon, ils en profiteront autant que vous. Goûtez à leur sérénité et remerciez-les ensuite de ce qu'ils vous ont apporté. La gratitude est un élément important pour pouvoir atteindre une certaine sagesse. Laissez la vie vous guider vers les gens qui peuvent vous apporter quelque chose de positif. Vous en ressortirez toujours gagnant et un brin plus comblé à chaque occasion.

Si vous formez un couple heureux, répandez généreusement autour de vous cet arôme que dégage votre amour, toujours avec honnêteté et simplicité, sans complication inutile. À la seule vue de deux personnes amoureuses qui passent dans la rue, main dans la main, combien de gens se retourneront sur leur passage ou leur souriront, juste pour établir un contact énergétique avec ce sentiment qui les anime, afin qu'ils puissent s'enrichir de leur beauté? Ils n'enlèvent rien à ces amoureux, car l'amour ainsi partagé se transforme et se multiplie. Si quelqu'un donne de l'amour, il ne se créera jamais de vide en lui. Bien au contraire, le seul fait de partager cet amour aura pour effet d'en décupler l'intensité, chez lui comme chez les personnes qui voudront bien le recevoir...

Savourer son bonheur actuel en évitant de s'enliser dans la crainte du futur

Certaines gens qui viennent de sortir avec peine d'une relation désastreuse hésitent à s'engager dans une autre, de peur d'être à nouveau déçus. Il est tout à fait normal de se tenir sur ses gardes lorsque la plaie laissée par une séparation douloureuse est encore fraîche et donc pas suffisamment cicatrisée. Mais il faut éviter de s'y complaire trop longtemps, sinon la peine risque de devenir chronique et pratiquement inguérissable. Ainsi enlisé dans notre malheur, nous ne sommes plus disponible pour le bonheur qui pourrait peut-être pointer le bout de son nez. Nous pourrions le regretter, car nous serions passés à côté d'une belle chance que nous a apportée la vie pour repartir du bon pied.

La sérénité ne se trouve que dans le moment présent. Le passé est derrière, on ne peut rien y changer, tandis que le futur dépend des décisions que nous prenons à chaque instant, à chacun de nos moments présents. Ayez donc la sagesse d'accepter avec gratitude les joies que la vie met sur votre route. Les refuser serait une insulte à ce Dieu d'amour, peu importe qui Il est pour vous, qui n'espère qu'une chose: vous voir heureux. Dieu n'éprouve aucun plaisir à vous voir souffrir. Dans Sa grande compassion, Il ne peut que respecter votre choix, mais Il vous tendra la main le jour où vous déciderez de retrouver la voie qui vous conduira vers la joie de vivre.

J'ai une grande amie qui a vécu un divorce difficile avec un homme qu'elle ne pouvait, malgré tout, cesser d'aimer. Des mois passèrent dans les pleurs et les regrets, jusqu'à ce qu'un prince charmant se présente à sa porte. Il faisait tout pour lui plaire, lui offrant sur un plateau d'argent le meilleur de lui-même. Mais elle hésitait à s'abandonner, de peur de se faire prendre encore un fois au piège de l'amour. Ce n'est que bien plus tard qu'elle lâcha prise et décida de saisir la chance que la vie lui offrait. Elle m'avoua qu'elle aimait cet homme, mais que la seule pensée de devoir revivre un jour le calvaire d'une séparation l'empêchait d'ouvrir tout grands ses bras à cette aventure dont elle avait pourtant tellement envie. Je lui fis comprendre que si elle n'acceptait pas cet amour maintenant, elle allait se fermer progressivement à toutes les amours futures. Elle se condamnait à vivre éternellement dans les décombres de sa dernière relation, dans ce passé auquel, de toute façon, elle ne pouvait rien changer.

Avec courage et détermination, elle fit chaque jour un pas en avant. Avec la complicité de son nouvel amour, elle décida d'apprivoiser cette peur qu'elle s'était créée de toutes pièces. À force d'être reconnue et acceptée comme temporaire, cette peur s'est dissipée d'elle-même un peu plus chaque jour, jusqu'à ce qu'elle disparaisse complètement dans l'oubli et l'indifférence. Mon amie adopta comme philosophie de profiter de chaque instant qui passait, sans s'y attacher outre mesure et sans se créer d'attentes trop grandes pour le futur. Si cette relation devait durer six mois, ce serait six mois de bonheur, c'est tout, se disait-elle; si elle devait durer dix ans, elle en aurait au moins profité durant toutes ces années. Ce serait mieux que de se morfondre dans des pensées négatives et destructrices engendrées par la peur du lendemain, à craindre constamment le pire et à s'y complaire un peu plus chaque jour. Aujourd'hui, après plusieurs années de travail intérieur, elle est très heureuse. Elle a su profiter de son expérience passée pour bâtir une nouvelle relation plus solide avec cet homme dont elle avait longtemps refusé l'amour. Mais cette fois, elle a su garder son autonomie, ce qu'elle avait perdu avec son premier mari.

Cette façon positive de voir la vie pour ce qu'elle nous apporte dans le moment présent ne veut pas dire qu'il faille éviter d'entretenir des espoirs pour le futur ou ne pas faire de projets, mais plutôt que l'on doit s'abstenir d'engager complètement sa vie dans des attentes chimériques. Qui sait où nous serons dans dix ans, quels seront alors nos états d'âme, et même si nous serons encore là? Vivez donc le moment présent avec le plus d'émerveillement possible, comme un enfant qui découvre le nouveau jeu qu'on vient de lui offrir. Si votre engagement actuel ne doit plus exister dans une année, pourquoi commencer à en souffrir maintenant? Et, croyez-moi, je suis bien placé pour en parler... Pouvez-vous imaginer quel engagement d'amour je prends avec Céline vis-à-vis de tous mes lecteurs pendant que j'écris ce livre? Je suis bien conscient que cette responsabilité appartient au moment présent et que si cet amour ne devait plus être là un jour, je devrais simplement continuer, c'est tout.

Prenez donc pleinement conscience, en cet instant, du bonheur que vous vivez ou de celui qui vous attend sans doute à deux pas devant vous. Souvent, il suffit de dire un gros Oui à la vie pour que celle-ci se mette à déverser sur nous toutes ses grâces!

Ces attentions qui font tant de bien... et qui font toute la différence!

Le premier conseil que je me permets de donner aux nouveaux couples est toujours de faire vers l'autre ce petit pas de plus qui fera toute la différence entre une relation devenant vite routinière et une aventure sans cesse renouvelée. La petite attention, le simple mot de tendresse laissé sur le coin de la table le matin, le coup de téléphone inattendu pour simplement affirmer son amour, les fleurs qu'on offre sans raison particulière, etc., tous ces gestes auront toujours une place primordiale chez les pros de la vie à deux. Combien ces égards sont profitables dans une relation amoureuse! Personne ne peut y rester indifférent.

Souvent, au début de la vie commune, ces petits «extras» font naturellement partie du quotidien, la passion des premiers jours ayant comme effet de maintenir la flamme toujours allumée entre les amoureux. Mais, après quelques années, la routine s'installe peu à peu et fait oublier ces délicates attentions qui faisaient pourtant toute la différence jadis. Si c'est votre cas, prenez conscience que ce feu est peut-être en train de s'éteindre entre vous. Pourquoi ne pas ranimer dès maintenant ces petites étincelles et attiser de nouveau votre amour? N'attendez pas que ce soit l'autre qui le fasse et ne le faites pas non plus dans l'attente qu'on vous rende la pareille. Considérez plutôt cela comme une excellente occasion de prouver votre amour inconditionnel!

Faites-vous un devoir de trouver de nouveaux petits trucs, chaque jour ou chaque semaine, pour que votre partenaire sente que votre priorité est de le voir heureux. Et surtout, ne demandez ni n'espérez rien en retour; sinon, vous risqueriez d'être déçu si les remerciements tardaient à venir. Prêchez plutôt par l'exemple et prenez simplement du plaisir à agir ainsi. Usez de votre équilibre et de votre gros bon sens. Que votre seule motivation soit le bonheur de l'autre. L'important est d'établir le contact entre vos cœurs. Ces petites attentions sont les bougies d'allumage les plus sûres et les plus précieuses, celles qui feront que la magie opère.

Arrêtez-vous maintenant quelques instants, et voyez quelles attentions particulières vous aimeriez recevoir de votre ami. Sauriez-vous en dresser la liste? Quand celle-ci sera terminée, faites ce que vous avez écrit... mais pour l'autre!

Accepter de ne pas être un couple parfait

J'ai longtemps cru que pour enseigner la sagesse, il fallait l'avoir atteinte, que pour guider les autres vers une certaine perfection, il fallait être parfait soi-même. Un jour que j'étais en méditation, je fis part de ces questionnements existentiels à mon «vieux sage intérieur». Il me fit comprendre, avec tout l'humour dont il peut faire preuve lorsqu'il s'aperçoit que j'ai tendance à me prendre un peu trop au sérieux, que je ne pourrais jamais enseigner rien à personne si j'attendais d'être meilleur que les autres et d'avoir tout expérimenté avec succès! «L'important, me dit-il, c'est que tu mettes en application ce que tu dis, au meilleur de ta connaissance et de ta volonté. Le reste n'est pas entre tes mains.» Ouf! Quel soulagement! «Merci... vieux sage de mon cœur, lui criai-je! N'es-tu pas en train de me dire que l'on enseigne ce que l'on a le plus besoin d'apprendre et d'expérimenter?» «Exactement!» me répondit-il, avec probablement un grand soupir de satisfaction! J'avais enfin compris son message: Pas besoin d'être parfait pour enseigner la perfection!

Avez-vous remarqué que, lorsqu'on tend vers la sagesse, on dirait que nos défauts en profitent pour doubler de volume à nos yeux? C'est bien normal et utile qu'il en soit ainsi, car alors on peut difficilement passer à côté et continuer à croire qu'ils n'existent pas. Quand on tend vers un bonheur de couple équilibré, intense et profond, c'est la même chose qui se produit. On est toujours surpris que certaines disputes surgissent à brûle-pourpoint entre nous et on a du mal à accepter de ne pas être déjà devenu meilleur que les autres avec notre démarche spirituelle et notre désir d'évolution!

Soyez bien conscient que les pros de la vie à deux qui aspirent continuellement à un plus grand bonheur ont sur les autres l'avantage de savoir qu'ils pourront toujours utiliser leurs mésententes pour s'élever chaque fois d'un cran. Pour eux, chaque problème qui surgit devient une occasion merveilleuse que la vie met sur leur chemin pour qu'ils fassent un pas de plus vers un état supérieur de compréhension. À ceux-là, je dis bravo, car rien ni personne ne pourra jamais les détruire.

Pour atteindre ce niveau, il est donc crucial de ne pas trop se prendre au sérieux, d'accepter de ne pas être parfait. Il faut se dire qu'on chemine tous sur la voie de la sagesse, sans pour cela être devenus de grands sages. En réagissant ainsi, nous accepterons plus facilement que certaines personnes qui nous ont peut-être mis sur un piédestal puissent parfois être déçues par nos comportements encore... humains! Quelques personnes nous ont dit, à Céline et à moi, quelle serait leur consternation si nous venions à nous quitter. Quoique leur réaction soit parfaitement compréhensible, ces gens qui, d'une façon ou d'une autre, nous admirent, ne doivent jamais oublier que nous sommes des humains comme eux, avec nos forces et nos faiblesses, et que si nous avions atteint la perfection, nous ne serions probablement plus de ce monde. Nous ne sommes pas meilleurs que les autres. Nous avons simplement décidé, d'un commun accord, de nous engager; voilà peut-être où se trouve la différence!

Et vous, est-ce que vous avez aussi tendance à idéaliser certains couples ou certaines personnes que vous croyez parfaits? Si oui, ne serait-ce pas parce que, d'une certaine façon, vous enviez leurs idéaux et ne vous sentez pas à la hauteur lorsqu'il s'agit de les réaliser? Contentez-vous de constater, ne vous jugez pas... Prenez plutôt conscience de votre propre valeur et sachez que la comparaison ne sert souvent qu'à se dévaloriser en donnant trop d'importance aux autres qui, en réalité, ne devraient être que notre miroir.

Si vous placez quelqu'un à un niveau supérieur au vôtre, vous risquez presque à coup sûr de le voir tomber un jour et, ce jour-là, votre déception pourra être très grande. J'en sais quelque chose pour avoir eu, moi aussi, cette fâcheuse habitude d'idéaliser à outrance certaines personnalités, certains écrivains, comédiens ou grands sages. Et à chaque occasion, un événement survenait qui les rabaissait à mes yeux. Je me retrouvais toujours abattu, déçu de constater mon erreur de jugement à leur sujet, et pourtant, ce n'était que **ma** perception. Maintenant, je m'efforce de placer tout le monde au même niveau, mais avec des rôles différents à jouer. Certains sont meilleurs dans leur jeu, d'autres ont encore beaucoup à apprendre; c'est le jeu de la vie!

Donc, si vous êtes en voie de devenir des pros de la vie à deux, accueillez avec calme, humilité et sagesse les hauts et les bas de votre relation. Acceptez ce que vous êtes, au moment où vous le vivez, sans dramatiser outre mesure ce qui peut surgir en cours de route. Prenez simplement conscience de la chance que vous avez de pouvoir cheminer ensemble sur cette sinueuse route qui mène à l'amour inconditionnel. Riez de vos petits manquements et encouragez-vous sans cesse. Il restera toujours un bout de chemin à parcourir, n'en doutez pas. Et la vie s'occupera de vous faire avancer vers un plus grand bonheur si vous lui en donnez l'occasion. Faites simplement de votre mieux, au meilleur de votre connaissance, c'est tout ce qui importe! N'oubliez pas que la vie est un grand jeu, sérieux peut-être, mais un jeu quand même... et dans chaque jeu, l'important, c'est de s'amuser, n'est-ce pas?

La seule personne que l'on puisse réussir à changer, c'est soi-même

Bien des personnes amorcent une relation de couple en disant de l'autre: «Je réussirai bien à le changer, vous verrez!» Il est possible, en effet, qu'elles y parviennent après des années d'efforts; mais, la plupart du temps, ce sont elles qui devront changer leur propre attitude avant d'espérer voir leur vis-à-vis montrer ne serait-ce que quelques petits signes précurseurs de changement. Vous avouerez comme moi qu'il est plutôt présomptueux de prétendre faire changer quelqu'un si l'on n'a pas auparavant fait soi-même un bout de chemin vers lui. Si, par exemple, un alcoolique décide d'arrêter de boire parce que sa conjointe lui demande de le faire par amour pour elle, il y a de fortes chances que sa promesse ne tienne plus si un jour la relation en vient à s'effriter. Si, par contre, ce même alcoolique décide de lui-même de se corriger de sa funeste habitude, parce qu'il est malheureux de se voir ainsi et qu'il a honte de se regarder dans la glace au réveil, alors là, les chances de réussite sont beaucoup plus grandes, car il fera des efforts pour lui-même et non pour «faire plaisir» aux autres.

Même si on est deux, cela ne veut pas dire que notre évolution personnelle doit demeurer en veilleuse. Le bonheur de son couple est une chose, mais sa propre recherche de sérénité, en tant qu'individu, a aussi son importance. C'est pourquoi il est beaucoup plus profitable de faire part à l'autre des sentiments que l'on aurait s'il changeait de comportement, ne serait-ce qu'un tout petit peu, en gardant toujours en tête que la décision est entièrement entre ses mains. C'est à lui d'entreprendre sa propre démarche pour faire un pas de plus vers le bonheur. Tout ce qu'on peut alors lui accorder, c'est notre support inconditionnel.

Le simple fait que l'on exprime à son conjoint qu'on veut le voir plus heureux après qu'il aura modifié certains de ses comportements peut être d'un grand poids dans la balance. C'est pourquoi, si vous souhaitez le voir effectuer ces changements, il serait très important, dans un premier temps, que vous lui expliquiez clairement quels seraient vos sentiments envers lui s'il réussissait à améliorer tel ou tel point. Parlez toujours d'«amélioration», non de «changement». S'améliorer semble toujours moins lourd que changer... Et comme une médaille a toujours deux côtés et que lui-même aimerait sûrement que vous opériez, vous aussi, certaines transformations sur vous-même, demandez-lui en contrepartie ce qu'il aimerait que vous changiez dans votre comportement et quels seraient ses sentiments si vous vous conformiez à sa demande. Puis, de grâce, écoutez-le avec humilité. Vous serez peut-être agréablement surpris de voir ce qu'il attend de vous, de l'entraide que vous pourriez vous accorder mutuellement, si vous y mettiez chacun du vôtre, et de la motivation qui viendrait supporter vos efforts communs. Comme je ne manque jamais de le signaler, la solution de tout problème se trouve souvent au point de rencontre de toutes les personnes concernées. Il s'agit alors de manifester assez de maturité, d'humilité et de sagesse pour accepter de faire chacun son bout de chemin vers l'autre. C'est aussi simple et aussi... compliqué que cela!

Un travail de croissance et d'évolution de cette envergure exige donc, de la part des deux membres du couple, une coopération totale ou, du moins, la plus grande possible. Ainsi, après avoir trouvé, chacun de son côté, un comportement à améliorer qui rendrait l'autre plus heureux, engagez-vous à tout faire pour relever ces petits défis que vous vous serez donnés. Vous pourrez alors vous aider mutuellement, et le travail en sera d'autant facilité et agréable. Vous serez ainsi moins enclin à juger votre conjoint sur les performances qu'il a accumulées au cours de sa démarche, sachant que vous pourriez être jugé à votre tour par lui. Gardez en tête qu'il faut constamment *jouer* à s'améliorer au lieu de *se battre* pour le faire. C'est la différence entre évoluer dans la joie de vivre ou le faire dans la souffrance!

Prenez donc quelques instants pour trouver quel trait de caractère vous pourriez améliorer en vous, puis amenez votre conjoint à faire le même exercice. Aidez-vous mutuellement au besoin, sans agressivité ni jugement; faites-en un jeu. Quand vous en aurez suffisamment discuté et que vous vous serez mis d'accord sur les buts recherchés, mettez le tout en marche, lentement, sans rien brusquer. Et de grâce, ne commencez pas par de trop grands défis; vous risqueriez de vous décourager devant l'énormité de la tâche à accomplir. Allez-y plutôt avec de petites choses, mais faites-les jusqu'au bout; ce sera la clef de la réussite.

Savoir lâcher prise quand on est secoué par les émotions et laisser aux cendres le temps de redescendre

En tant qu'être humain ayant ses forces et ses faiblesses, nous passons constamment du monde des sentiments à celui des émotions. Mais quelle est la différence entre les deux, me demanderez-vous? C'est simple. Le sentiment est un état d'âme qui se situe sur ce que j'appellerai ici la «ligne de la sérénité», ce niveau de compréhension universel où vivent continuellement les grands sages, un état où tout est parfait, où tout est correct, où tout est bien. Quand on réussit à se maintenir en équilibre sur cette ligne de la sérénité, on est constamment attentif à ce qu'on ressent. Notre vision est claire, notre jugement, juste, notre ouïe capte le moindre son, notre cœur peut lire dans celui des autres et déceler en un instant ce qu'est leur nature profonde. En toute situation, on a l'impression d'être bien, tout simplement! On est libre.

L'émotion, par contre, s'exprime lorsqu'on s'éloigne de cette ligne de la sérénité et de l'intensité du moment présent. Elle apparaît lorsque le sentiment devient excessif, lorsqu'on n'est plus le maître de ses réactions et qu'on explose, dans la joie comme dans la peine; lorsqu'on perd, en quelque sorte, contact avec notre Dieu intérieur, cette parcelle divine qui nous anime et qui nous veut heureux en tout.

Soyons plus clairs, maintenant. Vous venez, par exemple, de vivre une expérience enrichissante; vous êtes comblé et vous vous dites: «Ah, que je suis bien!» Vous fermez alors les yeux et, seul avec vous-même, vous savourez pleinement ce bien-être intérieur qui vous envahit de toutes parts. À cet instant, vous êtes bien campé sur la ligne de la sérénité, au cœur de ce monde du sentiment — ou de l'âme, si vous préférez — , où **tout est parfait.** Mais voilà que vous vous mettez à pleurer de bonheur et à pousser de grands cris de joie. Vous sautez, vous dansez, vous clamez votre satisfaction à qui veut l'entendre, etc. Vous avez alors délaissé le plan des sentiments pour rejoindre celui des émotions. Vous ne pouvez plus contenir toute cette joie qui se trouve au-dedans de vous et vous vous sentez obligé de la faire éclater. C'est comme si le vase était tellement plein qu'il n'avait d'autre choix que de laisser déborder son contenu. La joie, c'est le sentiment, tandis que le débordement, c'est l'émotion! Vous comprenez?

Quand on tombe dans l'émotion, ce n'est plus notre âme qui s'exprime, mais notre mental. L'âme se serait contentée de vivre pleinement et agréablement le moment présent, sans se poser de questions, mais l'intellect ne le prend pas ainsi. Il se met à analyser dans tous les sens les causes de la joie ou de la peine qui nous anime et commence dès lors à porter des jugements sur ce qu'il voit, sans faire preuve de discernement. Il nous fait rire ou pleurer selon la vision qu'il a des choses. Le mental analyse à sa façon chaque situation. Il est centré sur lui-même et ne considère que ce qu'il peut perdre ou gagner dans ce qu'il vient de vivre. Il est foncièrement égoïste, contrairement à l'âme qui, ayant une vision globale des choses, sait que tout a sa raison d'être. Alors, pourquoi s'en ferait-elle?

Mais revenons maintenant à nos... moutons! Savoir lâcher prise aussitôt qu'on entre dans le monde des émotions n'est pas une mince affaire, surtout quand on est plutôt prompt et qu'on s'emporte pour un rien, mais, je vous l'assure, le jeu en vaut vraiment la chandelle. Lorsqu'on est perturbé par les émotions, notre cerveau semble se brouiller et il ne distingue plus clairement le vrai du faux. Par exemple, si une discussion s'engage avec notre conjoint et que, soudain, nous sentons que la pression monte et que la marmite est sur le point d'exploser, nous perdons rapidement toute objectivité. Il serait alors préférable d'écouter la sonnette d'alarme qui résonne en nous et qui nous invite à nous éloigner pour quelques instants afin que les cendres puissent redescendre un peu. Ensuite, nous pourrons poursuivre ce que nous avions entrepris, mais dans le calme, cette fois. Sinon, la discussion deviendrait unilatérale et se transformerait en monologues du genre «Tu, Tu, Tu...»! Quand on est perturbé par les émotions, on n'écoute plus l'autre; on se tient constamment sur un pied de guerre, en position de défense. On se sert de tout ce que dit l'autre pour le retourner contre lui et lui prouver qu'on a raison... et que c'est toujours lui qui a tort!

Par contre, si on sait prendre un recul suffisant, on pourra recommencer la discussion mais sur le plan des sentiments, sans effusion et sans émotion. On se contentera de constater qu'une situation «existe» et que, au lieu de disperser ses efforts, on doit les unir pour trouver ensemble la façon de s'ajuster à cette situation dans la meilleure harmonie possible. Si on réussit à se faire une raison et lâcher prise au bon moment, notre jugement deviendra plus clair. On cessera alors de gaspiller des quantités incroyables d'énergie à se chamailler et à se lancer d'inutiles flèches qui ne feraient qu'aggraver la situation.

Lorsque les deux éléments d'un couple deviennent conscients de cette différence entre le sentiment et l'émotion, leur vie devient tellement plus légère. Les discussions enflammées et interminables à propos de tout et de rien n'ont plus alors leur raison d'être. Elles sont tuées dans l'œuf avant de prendre des proportions démesurées. Les problèmes sont réglés «à froid», aussitôt qu'on a permis à l'émotion du moment de s'atténuer. On devient rapidement très habile dans ce domaine lorsqu'on s'y attelle quotidiennement de part et d'autre, en y mettant un minimum de bonne volonté.

Pour illustrer ce que je viens d'expliquer, je vous propose un exemple concret et bien simple. Vous demandez à votre conjoint de passer au supermarché avant de rentrer à la maison pour vous acheter quelques denrées. Il arrive avec une heure de retard, sans aucune explication et, comble de malheur, il a complètement oublié de faire vos emplettes. Pendant que vous attendiez, vous fulminiez de colère et l'émotion est montée en vous. Aussitôt que votre conjoint a ouvert la porte, et les bras vides en plus, vous lui avez lancé votre déception à la figure. Il s'en est suivi une brève mais combien claire discussion du type «tu-tu-tu», dont je vous ai parlé auparavant: «Tu es comme ci, tu fais toujours cela, tu devrais changer», etc.

Par contre, si vous aviez su lâcher prise au moment où vous sentiez la pression monter, toute cette discussion n'aurait pas eu lieu et votre conjoint aurait eu amplement le temps de retourner à l'épicerie et d'en rapporter les articles dont vous aviez besoin. Aussitôt que vous avez compris qu'il prenait du retard, vous avez senti une poussée d'adrénaline, cette fameuse petite sonnette d'alarme, vous vous souvenez? Vous auriez pu alors stopper le processus et accepter les choses comme elles étaient, profitant peut-être de ce moment de solitude pour prendre du temps pour vous. À l'arrivée du retardataire, vous vous seriez intéressé aux raisons de son retard et lui auriez calmement demandé de retourner au supermarché. C'est un exemple très simple de lâcher-prise, et très facile à comprendre, mais, j'en conviens, pas toujours aussi facile à appliquer, surtout lorsqu'on a un tempérament... plutôt chaud.

Si vous avez le goût de faire un petit exercice, en couple de préférence, amusez-vous à détecter les situations au cours desquelles vous avez tendance à tomber dans l'émotion. Je ne le répéterai jamais assez, faites-en un jeu; personne ne doit se sentir coupable ou accusé de quoi que ce soit. Constatez seulement, ne jugez pas. Quand vous aurez pris conscience des circonstances qui vous entraînent facilement dans l'émotion, imaginez d'autres façons plus harmonieuses de réagir. Puis, n'y pensez plus, le reste se fera tout seul. À partir de ce moment, il y aura toujours une sonnette d'alarme qui retentira juste à temps pour vous inciter à refermer temporairement les volets de votre maison, à l'approche de la tempête. Et, de grâce, ne vous sentez pas coupable si vous essuyez des échecs. Si vous retombez dans vos anciennes habitudes — les émotions ont tellement d'emprise sur nous —, relevez-vous avec fierté, vous en servant encore une fois pour vous renforcer et pour éviter de vous y laisser reprendre.

Les pros de la vie à deux ont cette facilité de se sortir de toutes les situations, car ils ne tentent jamais de régler un conflit lorsqu'ils sont submergés par les émotions. Ils auront peut-être pris plusieurs années à développer cette sagesse, à force de tomber et de se relever courageusement. Mais ils savent qu'ils pourront désormais, et à tout coup, résoudre plus facilement quelque problème que ce soit, sans se détruire, contrairement à ce que font bien des couples, à cause de leur ignorance concernant les rouages destructeurs du monde des émotions.

Faites donc un petit examen de conscience sur les situations qui ont le don de vous précipiter dans l'émotion en moins de deux. Visualisez quelle serait la façon de les vivre, calmement, avec humour et discernement, sans les laisser grossir en boules de frustration à l'intérieur de vous. Pouvez-vous entendre votre sonnette d'alarme personnelle, celle dont chacun est doté et qui nous incite à stopper le flot de nos émotions et à prendre immédiatement du recul? Ce travail très important peut vous sembler ardu et compliqué, mais ne vous découragez pas. Et n'hésitez jamais à demander de l'aide... pas à l'autre bout du monde, mais tout près de vous! La vie, dans sa sagesse et sa simplicité, placera toujours un soutien à proximité, lequel répondra à toutes vos questions au moment où vous les poserez. Demandez... et vous recevrez!

La peur de perdre l'autre

Le seul fait d'avoir peur de quelque chose a souvent comme effet d'attirer les gens et les événements qui viendront constamment attiser le feu de cette émotion et confirmer le bien-fondé de nos craintes. La peur de perdre l'autre attirera, par exemple, vers nous des personnes qui pourront nous faire des réflexions comme: «Tu devrais te tenir sur tes gardes. Avec ce genre de conjoint et avec tout son charme, on ne sait jamais» ou «Tu n'as pas peur de le perdre? Tu devrais! Je connais quelqu'un qui...», etc. Les gens hantés par cette peur auront également tendance à interpréter un peu trop hâtivement les moindres gestes d'attention portés à leur conjoint, les moindres regards ou sourires qui lui seront adressés, souvent par simple politesse ou gentillesse. Ils verront ces manifestations comme une menace imminente à leur couple alors que, la plupart du temps, il n'en est absolument rien. En réalité, tout, dans la vie, est sujet à interprétation. C'est pourquoi il est tellement important de pouvoir se sortir de la tempête des émotions afin de pouvoir analyser avec justesse chacun des comportements qui peuvent nous paraître négatifs et de comprendre les choses avec le plus de neutralité possible.

Si vous avez peur de perdre quelqu'un, cela peut signifier que vous ne vous aimez pas assez vous-même; par conséquent, vous avez besoin de la présence d'une autre personne à vos côtés pour remplir le vide d'amour que vous ressentez. À ces êtres qui sont en constante —

mais souvent infructueuse — recherche de l'âme sœur, je dis toujours que la meilleure façon de rencontrer le partenaire idéal, c'est d'apprendre d'abord à être bien avec soi-même. Il faut tenter de s'autosuffire sur tous les plans, ne plus avoir besoin d'une autre personne pour être heureux, ce qui, je le reconnais, n'est pas toujours une mince tâche. Mais dès que ce degré de plénitude est atteint, la personne seule ne ressent plus cette nécessité de voir une autre personne remplir ses «vides», puisqu'elle les a déjà tous comblés par l'estime de soi. Et c'est alors que se presseront à sa porte les princes charmants, sachant qu'ils seront aimés pour ce qu'ils sont et non pour ce qu'ils peuvent apporter.

Mais un tel changement d'attitude peut parfois prendre des années à s'opérer, car il suppose une refonte complète de ses croyances de base et une réelle volonté de s'améliorer. Il est dès lors préférable d'accepter, dans un premier temps, que cette peur de perdre l'autre nous habite encore et qu'elle fait partie de ce bagage que l'on traîne avec nous depuis très longtemps, dans notre inconscient. La différence sera, cependant, qu'on reconnaîtra cette peur comme n'étant que temporaire et susceptible de disparaître incessamment, pulvérisée peu à peu par notre indifférence croissante. Il est donc inutile de la combattre avec véhémence, car on risquerait alors de la nourrir et d'en activer ainsi la force. Aussitôt que cette peur pointe le bout de son nez, laissez-la passer, sans lui opposer de résistance. Accueillez-la par la porte avant, avec calme et sagesse, puis ouvrez la porte arrière pour la laisser sortir comme elle est entrée. Plus vous l'accepterez, la reconnaîtrez et démontrerez de l'indifférence à son égard, plus elle perdra son emprise sur vous. Ainsi cesseront graduellement ces interminables et épuisants combats qui minaient vos énergies, à force de vous en faire.

L'étape suivante consistera à vous abandonner totalement à votre bonne étoile, à ce Dieu intérieur qui vous guide dans la vie depuis votre naissance. Si vous avez la ferme conviction que c'est bien cette étincelle divine qui vous a conduit, dans un but bien précis, vers votre partenaire actuel, pourquoi maintenant devrait-il être enlevé de votre route? Et si, malgré tout, cela devait se produire, ne serait-ce pas parce qu'un bonheur plus grand vous attend plus loin? Le jour où l'on prend conscience que Dieu nous veut heureux coûte que coûte, on arrête de Lui mettre des bâtons dans les roues! Si on s'abandonne à Lui, rien ne peut tourner mal dans notre vie, à moins que nous soyons convaincu que seule la souffrance peut nous faire avancer... Le temps se charge toujours de nous prouver que même les événements les plus dramatiques de notre existence nous ont permis de faire un pas en avant... à moins que nous ayons voulu demeurer bien ancré dans notre peine, dans cette destruction que tant de gens se complaisent à entretenir. En vous abandonnant ainsi à la vie, vous apprendrez, par la même occasion, à développer le plus beau sentiment qui soit: l'amour inconditionnel, ce don de soi sans attente qui nous évite toute déception.

Souvenez-vous... ce n'est qu'aujourd'hui que vous pouvez être heureux. Tous les «hier», Dieu les a repris, et tous les «demain» sont encore entre ses mains! Si vous êtes constamment mû par cette peur de perdre quelqu'un ou quelque chose, un être cher ou des biens matériels, prenez conscience que plus vous nourrirez cette émotion, plus vous courrez le risque qu'elle se matérialise. Essayez plutôt de vous dissocier de ce rôle de victime de la vie que vous vous êtes peut-être forgé avec le temps et faites confiance à cette énergie divine qui vous anime et ne veut que votre bien! N'aimez que pour ressentir du bien-être dans le moment présent. Demain, vous verrez! Chaque journée vous apportera l'énergie nécessaire pour la traverser, soyez-en assuré!

Demander l'avis des couples heureux

Quand on est plongé au cœur d'un sérieux problème de couple, on est souvent porté à croire qu'on est les seuls à vivre ce genre de situation et que rien ni personne ne peut nous aider à nous en sortir. Ce sentiment de solitude et d'impuissance est en fait l'un des signes précurseurs qui annonce qu'on a justement un urgent besoin d'assistance. Les gens qui peuvent alors le plus nous aider dans ce sens sont certainement ceux qui ont vécu ce que nous sommes en train de vivre et qui s'en sont sortis avec succès. Ce sont ceux-là mêmes qui ont su profiter d'un événement malheureux pour s'élever ensemble et pour renforcer, par le fait même, leur amour.

Ainsi, si vous connaissez des problèmes dans votre relation de couple et que vous voulez vraiment les régler — cette dernière condition est essentielle —, essayez de trouver, dans votre entourage, un couple heureux en qui vous avez confiance. Racontez-leur ce que vous vivez, non sur un ton plaignard, mais avec une attitude empreinte d'un ardent désir de trouver une solution. Votre mental vous répliquera peut-être que vous n'avez pas à embêter les autres avec vos problèmes, mais, de grâce, ne l'écoutez pas. Pour les pros de la vie à deux qui ont affronté courageusement maintes tempêtes et en sont ressortis victorieux, il n'y a rien de plus gratifiant que de pouvoir à leur tour, faire profiter les autres de leurs expériences de vie commune. Peut-être ainsi permettront-ils à une fleur de s'épanouir à nouveau entre deux êtres qui ne savent probablement même pas qu'elle existe.

Il nous est parfois arrivé, à Céline et à moi, de recevoir des gens qui venaient de vivre une séparation et qui démontraient, par leur attitude positive, leur réel désir de ne pas s'apitoyer trop longtemps sur eux-mêmes. Sans trop s'en rendre compte, ces personnes venaient simplement prendre un bain d'amour chez nous. Elles s'en retournaient ensuite avec de nouvelles armes, le cœur rempli d'espoir en la vie, cette même vie qui leur semblait pourtant si sombre quelques heures auparavant.

Je vais risquer de vous surprendre en vous disant que des couples heureux, il y en a beaucoup autour de vous; mais ils sont tellement discrets et font si peu de bruit qu'ils passent facilement inaperçus. Ne cherchez pas trop loin, ni des gens trop parfaits, simplement des couples qui sont bien, et ça, ça se sent à des kilomètres à la ronde, croyez-moi! Certains couples plus mûrs, qui se promènent encore main dans la main, avec une étincelle bien vivante au fond de leurs yeux, se feront un tel plaisir de vous offrir de l'espoir si vous avez le courage de leur parler à cœur ouvert. Ils deviendront peut-être vos meilleurs thérapeutes, et, par la même occasion, vous les aiderez à se rapprocher encore un peu plus.

Prenez donc la merveilleuse habitude de fréquenter le plus souvent possible des gens heureux, ceux même qui ont atteint un sommet vers lequel vous aspirez vous-même. Suivez la voie que vous trace chaque jour la vie, sans perdre trop de temps et d'énergies à vous y opposer et à tout analyser avec votre intellect. Soyez alors assuré que les gens qui peuvent le plus vous aider seront mis sur votre route comme par enchantement, au temps propice, et sans que vous ayez à les chercher. N'est-ce pas merveilleux? Le seul effort que vous ayez à faire est simplement de garder l'œil ouvert. Si la chance passe et que vous ne la saisissez pas à temps, elle risque de continuer sa route jusqu'à ce que quelqu'un d'autre la saisisse à votre place.

Quand on se laisse guider par la vie, nos amitiés peuvent changer rapidement, au gré de notre évolution, et c'est très bien comme cela. Quelqu'un a un trésor à nous apporter, puis un autre, et encore un autre... Ainsi va la vie, d'un maître à l'autre, d'un être heureux à un autre, etc. Si on reste prisonnier d'anciennes amitiés qui ne nous apportent rien d'autre que de lointains et futiles souvenirs, on ne laisse pas suffisamment de place aux perles qui se trouvent à quelques pas de nous, et qui attendent qu'on les découvre afin qu'on puisse profiter à notre tour de cette richesse.

N'ayez donc aucune réticence à vous entourer de gens heureux; n'ayez pas peur de leur enlever quoi que ce soit. L'amour donné nous revient décuplé. Si vous préférez côtoyer des êtres négatifs, ne soyez pas surpris de devenir comme eux, en moins de deux. On s'imprègne tellement rapidement des mauvaises vibrations des autres. Laissez donc les éternels plaignards s'enfoncer ensemble dans leurs malheurs; ne vous laissez pas entraîner dans leur jeu. Il n'en tient qu'à vous de choisir à quel clan vous voulez appartenir.

Si vous formez un couple heureux, accueillez sans réserve les gens qui ont besoin de votre lumière, mais en prenant soin, ce faisant, de ne pas vous éloigner l'un de l'autre. N'oubliez pas que la meilleure façon d'apporter du bonheur aux autres, c'est de faire en sorte que ce bonheur émane de nous-même!

La fidélité d'un commun accord: l'engagement comparé à l'association

La fidélité a toujours été, pour Céline et moi, d'une importance primordiale. Le jour où notre union a été consacrée, nous nous sommes en effet engagés à cheminer ensemble sur la route commune de l'amour et à rechercher les moyens qui nous mèneraient toujours vers un plus grand bonheur. Nous n'avons jamais cessé d'y travailler depuis. Ici, je dois préciser qu'il existe deux sortes de couples: ceux qui ont pris le mutuel engagement d'aller de l'avant, coûte que coûte, et ceux qui se contentent d'être uniquement des partenaires, des associés si vous préférez. Ces derniers peuvent être très heureux ensemble et se développer tout aussi bien, mais ils n'atteindront probablement jamais cette profondeur nécessaire à la fusion des âmes qui caractérise les véritables pros de la vie à deux. Les personnes associées dans une entreprise n'ont pas à s'entendre parfaitement, ni à être des amis dans la vie de tous les jours. Leur rôle consiste seulement à faire tout leur possible, chacun de leur côté, pour que leur organisation fonctionne, qu'elle se développe et leur rapporte le maximum.

Par contre, les couples dont les deux éléments s'engagent entièrement l'un envers l'autre ont la chance d'aller beaucoup plus loin. En plus de s'occuper d'eux-mêmes en tant qu'individus, ils ont également comme priorité de voir au bon fonctionnement et à la santé du couple, du «nous». En général, ils s'engagent à faire tout ce qui est en leur pouvoir pour rendre l'autre heureux. Ils focalisent toutes leurs énergies dans ce but, sans s'oublier pour autant. C'est pourquoi tous les véritables pros de la vie à deux ont pris cet engagement un jour ou l'autre et qu'ils le renouvellent régulièrement. S'étant juré fidélité, ils mettent tout en œuvre pour que cette promesse soit respectée. S'il survient une erreur de parcours, car personne n'est parfait, ils revoient ensemble leur engagement et décident d'un commun accord s'il est toujours valable. Ils apprennent à regarder au-delà des gestes et à voir les véritables motivations qui les sous-tendent.

À partir de la fidélité se développe graduellement la confiance en l'autre, la maturité de la relation en étant le résultat ultime. Quand celle-ci est atteinte, plus rien ne peut désormais en ébranler les bases. Toute erreur portera sa leçon et servira à l'élévation du couple. Il est bien évident que ce serment de fidélité se doit d'être mutuel et fait en toute honnêteté, par des gens entièrement conscients des implications de cette promesse.

Je suis convaincu que lorsqu'on aime vraiment quelqu'un du fond du cœur, la fidélité va de soi et qu'elle ne pose aucun problème. On n'est plus disponible pour d'autres relations, et cela se sent à des kilomètres à la ronde. Ainsi, un être fidèle qui affiche sa non-disponibilité par son seul état d'âme pourra être constamment entouré de personnes du sexe opposé tout en n'entretenant avec elles que des relations d'amitié. Son jeu sera clair et cette demande de son âme sera tout naturellement respectée par les autres.

La fidélité ne signifie pas qu'il faille ériger de hautes murailles autour de nous. Si nous avons l'impression qu'elles nous sont indispensables, c'est que nous avons sûrement encore des doutes sur nous-même. Il faut accepter que ces doutes fassent momentanément partie de notre vie et continuer allègrement notre route. Le jour où vous serez profondément convaincu que rien ni personne ne pourra remplacer l'amour de votre conjoint, les barrières tomberont d'elles-mêmes; la fidélité s'installera toute seule, sans que vous ayez à y mettre d'efforts!

Prenez maintenant quelques instants pour vous demander, en toute honnêteté, si la fidélité est pour vous un fardeau ou si elle est plutôt une situation qui va de soi. Vous êtes-vous déjà réellement «engagé» envers quelqu'un ou vous contentez-vous de n'être qu'un partenaire? Êtes-vous satisfait de votre relation actuelle? Dans le moment présent, seriez-vous prêt à vous engager pleinement? Et cet engagement pourrait-il être réciproque? Si oui, vous être vraiment sur la voie de devenir des pros de la vie à deux. Révisez régulièrement cet engagement entre vous jusqu'à ce qu'il devienne partie intégrante de votre vie.

Chaque couple a une sexualité qui lui est propre

Y a-t-il quelque chose de plus personnel que la sexualité d'un couple? Celle-ci ne devrait dès lors jamais être pesée, comparée ou passée au rouleau compresseur des statistiques. Combien de fois durant une journée, une semaine, un mois doit-on faire l'amour? Qui, lorsqu'il s'est vu un jour confronté à ces fameuses données statistiques, n'a pas douté à un niveau ou à un autre de ses capacités à exécuter sa... tâche comme il le devrait, selon les normes scientifiquement établies? Après bien des années à me poser, moi aussi, des questions à ce sujet, j'en suis venu à la conclusion que la sexualité n'était peut-être pas uniquement une affaire de sexe, après tout... et je m'explique. Pour plusieurs d'entre nous — surtout les hommes —, faire l'amour signifie avoir une relation avec pénétration, orgasme et jouissance d'au moins l'un des partenaires. Si l'une ou l'autre de ces conditions n'est pas remplie, l'acte n'est pas complet, donc non réussi! Voilà en effet la conception qu'ont bon nombre de gens de l'acte sexuel.

Mais, heureusement, plus on avance en maturité dans le couple, plus on apprend à se faire l'amour à toute heure du jour, mais de façon bien plus subtile... On s'enlace tendrement, par exemple, on se donne spontanément un coup de téléphone pour se dire que l'on s'aime, on croise amoureusement nos regards, on marche en se tenant affectueusement par la main, on s'étend tout simplement l'un contre l'autre, juste heureux d'être ensemble. Bien sûr, l'acte sexuel proprement dit peut devenir le complément de ces petits jeux de tendresse, mais, selon moi, il n'est pas absolument indispensable pour faire l'amour.

Il est bien évident qu'au tout début d'une relation, la sexualité prend une importance capitale, car les deux partenaires en sont encore au stade où l'acte sexuel est le moyen privilégié pour fusionner leurs énergies et permettre aux âmes de s'«enlacer» dans le monde de l'invisible. Mais comme tout est en éternel mouvement et que le temps ne s'arrête jamais, il est normal que nos tourtereaux découvrent des moyens plus discrets pour réaliser cette fusion à n'importe quelle heure et dans n'importe quel endroit. Transcender la sexualité dans un couple ne veut pas dire la bannir complètement, mais plutôt s'élever parfois au-dessus d'elle pour jouir pleinement de la présence de l'autre. L'acte sexuel ne devient alors qu'un moyen parmi d'autres pour faire opérer cette fusion des âmes. Ce n'est pas une fin en soi, mais un simple outil... agréable, je le concède, mais un outil quand même!

Donc, en matière de sexualité, laissez les statistiques aux hommes de science et contentez-vous d'élaborer ensemble vos propres façons de faire l'amour. Cessez de vous sentir coupable en croyant ne pas être à la hauteur. Tâchez plutôt de développer la tendresse en tout. Apprenez à embrasser avec tendresse, à enlacer avec tendresse, à regarder avec tendresse, à toucher avec tendresse, etc. Les pros de la vie à deux connaissent bien ce dont je parle, car ils n'ont pas nécessairement toujours besoin d'accomplir l'acte sexuel pour que se rejoignent leurs âmes. Comme ils se maintiennent constamment dans cette fusion, ils n'ont qu'à entretenir le feu sacré et à se laisser emporter par leurs élans quand bon leur semble, sans se mettre de pression à se demander si l'acte a été… réussi ou non.

Avez-vous déjà pensé qu'il est possible de faire l'amour en se donnant un simple baiser? Savez-vous percevoir les caresses de votre conjoint comme un intense désir qu'ont vos âmes de s'unir? Pouvez-vous parfois vous contenter d'être seulement bien ensemble, sans rien attendre de l'autre? Et si faire l'amour était aussi simple que ça, après tout…!

S'accorder des moments de solitude en dehors de l'énergie du «nous»

Comme nous l'avons vu auparavant, le «nous» constitue l'entité fondamentale du couple, ce couple formé de deux êtres ayant chacun leur individualité propre, avec des besoins particuliers à combler. C'est pourquoi les constituants d'un couple, aussi unis puissent-ils être, ressentiront périodiquement ce désir profond de se retrouver seuls avec eux-mêmes, histoire de renouer avec leur identité personnelle, qui est bien différente de celle du couple. Ce désir de solitude ne constitue donc pas un manque d'amour envers l'autre, mais plutôt un besoin vital de reprendre contact avec son jardin intérieur, qu'on est souvent le seul à connaître.

Depuis quelques années, nous nous donnons, Céline et moi, ce droit de nous retrouver chacun de notre côté lorsque l'un de nous en ressent le besoin. Pour écrire ce livre, par exemple, il était nécessaire que, tel un ermite, je me retire dans un endroit de rêve qui serait propice à la création et à l'inspiration, de façon à concentrer toutes mes énergies sur mon projet. Comprenant ce besoin de rencontre avec moi-même, Céline m'a encouragé à le satisfaire. Elle était bien consciente qu'il était important pour moi de me retrouver seul et dans un état d'harmonie complète pour écrire. Si elle s'était opposée d'une quelconque façon à mon départ, ce livre aurait peut-être été retardé d'un an ou deux, ou peut-être même n'aurait-il jamais vu le jour.

Ces moments de solitude que l'on s'accorde mutuellement n'ont pas à être longs. Ils ne demandent qu'à être reconnus comme tels et à être respectés quand ils se présentent, d'un côté comme de l'autre. Parfois, une heure suffira à combler ce besoin et pourra alors changer le cours d'une journée, d'une semaine, d'une vie entière! Si, par contre, vous essayez de garder votre conjoint constamment enchaîné à vous, de peur qu'il ne s'échappe ou qu'il n'en profite pour vous tromper, c'est qu'il y a probablement un autre problème qui couve quelque part. Il s'agit peut-être d'un manque de confiance ou d'une crainte profondément ancrée en vous, qui s'exprime par cette attitude possessive exagérée.

Il est donc important de se parler de tous ces petits besoins individuels que l'on ressent et que l'on n'ose pas exprimer à l'autre, de peur de lui déplaire, d'être réprimandé ou de passer pour un égoïste. Durant le temps où je me trouvais en République dominicaine et où je m'affairais à écrire ce livre sur le couple, seul dans un coin perdu du pays et à des milliers de kilomètres des miens, mon épouse reçut certains commentaires, un en particulier qui l'a fait réagir: «Comment peut-il (en parlant de moi) se séparer de toi et aller ensuite disserter sur la joie de vivre à deux? Je trouve cela très bizarre...» Cette personne n'avait probablement jamais permis à son compagnon de vie de s'éloigner pendant quelque temps pour revenir ensuite vers elle plein de fougue, avec ses batteries chargées à bloc. Elle n'avait peut-être pas compris que Céline me donnait là une des plus belles preuves d'amour en me laissant ainsi m'éloigner d'elle. Elle m'exprimait ainsi sa confiance absolue et son désir de me voir heureux.

Apprenez donc à «donner de l'air» à l'autre et à en prendre vous aussi, au besoin. Je le répète, il n'est pas nécessaire de s'éloigner durant de longues périodes; il faut prendre juste le temps suffisant pour faire le plein et reprendre contact avec soi. Vous verrez, quand ensuite vous vous retrouverez, ce sera avec une énergie nouvelle, laquelle allumera dans vos yeux une vive étincelle issue du ressourcement que vous vous serez permis de vivre. Plus les membres d'un couple sont bien dans leur individualité, plus le «nous» qu'ils forment sur le plan de l'âme en bénéficie.

Prenez maintenant le temps de vous demander si vous avez toujours répondu à vos besoins de solitude et si vous avez permis à votre conjoint de satisfaire les siens. Y a-t-il un endroit dans la maison qui soit suffisamment intime pour que vous puissiez vous retrouver seul avec vous-même, sans craindre d'être dérangé? Comment vous et votre conjoint vous sentiriez-vous si vous décidiez de prendre quelques jours de repos chacun de votre côté? Y aurait-il suffisamment de confiance et de maturité entre vous pour que vous puissiez le permettre? Prenez le temps d'y penser et d'en parler...

La jalousie, indice d'un manque de confiance en soi

Nombre de couples ont été brisés par cette émotion dévastatrice qui s'appelle la jalousie, la personne qui en souffrait refusant de reconnaître sa responsabilité et préférant rejeter sur l'autre les véritables causes du problème. Être jaloux en amour, c'est manquer énormément de confiance en soi. Si bien qu'on arrive à se convaincre que les autres ont toujours plus de chance que nous, qu'ils sont tellement supérieurs à nous qu'ils pourraient facilement offrir à l'être aimé beaucoup plus que ce que nous-même pourrions faire. Notre seul moyen de protection est alors d'élever des barrières autour de notre relation afin que rien ni personne ne puisse s'y infiltrer! Ce manque de confiance en soi est alors projeté sur l'autre et finit par se transformer en jalousie, à divers degrés.

Si vous êtes «naturellement» jaloux, si c'est plus fort que vous, surtout pas de panique! La dernière chose à faire est de vous culpabiliser à cause de cela. Vous êtes tel que vous êtes et vous devez travailler à partir de là. L'important est de vouloir faire un pas en avant afin de vous libérer de cette énergie négative qui, si elle n'est pas maîtrisée à temps, vous détruira avec tous ceux que vous aimez. Ce processus ne peut évidemment pas s'effectuer en brimant l'autre, qui n'a absolument rien à voir avec ce que vous ressentez. Il vous faut vous regarder vous-même dans la glace et accepter que ce manque de confiance est le seul responsable de vos problèmes.

La plupart des gens jaloux s'enveloppent dans une fière indépendance et affichent une attitude dominatrice. Mais ne vous y méprenez pas, ce n'est qu'un masque, une carapace qu'ils se sont bâtie au fil des ans pour se protéger du sentiment d'impuissance qui les étouffe lorsque celui-ci remonte du fond de leur conscience. Le jour où une personne jalouse accepte simplement d'être ce qu'elle est, elle ouvre la voie à la dissolution du complexe d'infériorité dont elle souffre. La vie se chargera alors de lui montrer la direction à suivre pour qu'elle prenne conscience de la beauté qui sommeille en elle, ainsi que de toutes les forces que recèle son cœur et dont elle n'a pas idée de la puissance. Le jour où elle décidera de faire tout en son pouvoir pour s'aimer un peu plus elle-même, elle découvrira qu'elle n'a rien à envier à personne et que l'être qui l'aime lui trouve sûrement quelque chose d'exceptionnel pour l'avoir choisie parmi toutes les autres!

Si vous possédez un tempérament jaloux, à quelque niveau que ce soit, faites un petit examen de conscience pour découvrir ce que vous croyez que les autres peuvent offrir de plus que vous à l'être aimé. Qu'est-ce qui pourrait inciter votre partenaire à vous quitter pour ces personnes? Les petits «quelque chose de plus» qui vous agacent chez les autres sont probablement les principaux éléments qui sont à la source de votre manque de confiance en vous.

Si, par exemple, vous détestez qu'un être ayant un grand sens de l'humour «rôde» autour de votre partenaire qui, lui, adore rire et s'amuser, c'est probablement que vous ne vous sentez pas à la hauteur en ce domaine et que vous ne vous croyez pas assez drôle vous-même. Le meilleur moyen de combattre ce type de jalousie serait ici de développer **votre** sens de l'humour. Si, par contre, vous êtes jaloux des gens que vous considérez plus beaux physiquement que vous, dites-vous que votre partenaire a peut-être davantage besoin de la beauté intérieure des êtres, et que c'est ce que vous devez chercher à lui offrir.

N'oubliez jamais que toutes les qualités que vous enviez chez les autres sont souvent latentes en vous. Vous les possédez sans en avoir conscience et vous n'avez pas su les développer. Aussi, lorsque vous les remarquez chez les autres, elles ont une résonance à l'intérieur de vous, ce qui fait qu'elles cherchent à s'exprimer. Ce n'est que votre intellect qui essaie ensuite de vous convaincre que vous ne les possédez pas.

Pour découvrir ces perles qui sommeillent dans votre intérieur, demandez à votre vis-à-vis ce qu'il trouve de bien chez vous. Osez lui poser la question et, de grâce, écoutez les réponses qu'il a à vous offrir; elles sont l'expression de la vérité. Ne faites aucun commentaire; contentez-vous d'être à l'écoute! Vous cesserez progressivement d'être jaloux à partir du moment où vous découvrirez quel être merveilleux et unique vous êtes. Vous commencerez alors à vous apprécier pour ce que vous êtes et non pour ce que vous croyez être. Repartez à zéro avec cette nouvelle vision de vous-même. Si vous tombez, relevez-vous; personne n'est parfait. Par contre, tout le monde peut tendre vers la perfection en travaillant constamment à s'améliorer.

Tout faire pour ne pas se perdre de vue durant le temps où l'on élève ses enfants

Tous ceux qui sont des parents tomberont sûrement d'accord sur le fait que l'amour passionné du début de la relation se transforme rapidement, et même radicalement, avec l'arrivée du premier enfant. Le nid d'amour qui accueillait jusque-là les jeunes tourtereaux, alors seuls au monde, doit soudain subir, par la force des choses, un réaménagement complet. Toute l'attention du couple est désormais centrée sur un troisième être qui, même s'il sait remplir ses parents d'amour, vient tout de même brouiller quelque peu les cartes. Il a tellement besoin de tout, ce petit être, qu'il vient constamment puiser dans le réservoir d'énergie qui n'était jadis réservé qu'aux deux amoureux.

C'est durant les semaines subséquentes que le père commencera à se sentir délaissé et même abandonné s'il n'a pas pris conscience que ce qu'il vit n'est pas la fin d'une merveilleuse période de liberté, mais le début d'une nouvelle ère tout aussi intéressante, quoique très différente de la première. À cause de ses réticences à laisser notre passé derrière nous, on ne voit même pas les perles qui se présentent sur notre route. Plus l'homme, par exemple, accepte rapidement ce changement dans sa vie, plus il lui est facile de comprendre que même si l'amour entre lui et sa compagne ne s'exprime plus de la même façon, il n'est pas diminué pour autant; il est plutôt transformé, plus élevé.

Chaque étape de la vie requiert des énergies nouvelles. Ces dernières apportent aux personnes concernées la force d'effectuer des transformations dans leur façon d'être, de penser et de faire. Si on n'arrive pas à accomplir ce que la vie attend de nous, on reste toujours un pas derrière, désespérément accroché à nos vieux schèmes de pensée et à nos amours déçues. Accepter les constantes transformations de son couple devient dès lors une excellente façon d'éviter de pénibles bouleversements qui n'ont pas leur raison d'être.

À cause d'un besoin bien légitime de sécurité, la plupart d'entre nous voudraient que tout demeure comme avant, que notre vie baigne toujours «dans la même huile»! Mais il n'en est pas souvent ainsi, car tout change. La vie évolue constamment, selon le rythme de croissance de chacun. Lorsqu'on tire un peu la patte, on risque de se complaire dans nos petites destructions. Celles-ci ont d'ailleurs tendance à s'incruster facilement, ce qui retarde d'autant plus la création de nouvelles énergies qui n'attendent souvent, pour se manifester, que le moment où nous laissons derrière nous ces vieilles habitudes désuètes qui ne nous appartiennent plus et qui sont le lot de notre passé.

C'est pourquoi, durant cette période où les enfants «apparaissent» dans la vie du couple, les hommes d'une certaine génération se sentent pour la plupart rejetés, surtout ceux qui ne croient pas devoir s'engager dans l'éducation de ceux-ci. Heureusement, les préjugés selon lesquels l'éducation des enfants relevait presque exclusivement de la mère sont pratiquement chose du passé. Ce concept matriarcal de la famille est typique de l'ère des Poissons qui est en train de se terminer. L'ère du Verseau qui s'ouvre à nous apporte avec elle une plus grande complémentarité des êtres et une plus grande complicité, que ce soit au niveau de la famille, des gouvernements, enfin de toutes les relations humaines, tant dans le monde de la spiritualité que dans celui du travail.

Plus que jamais, le couple doit enrichir sa relation à travers les rôles complémentaires qu'il peut jouer durant toute période d'apprentissage de la vie à trois où l'attention n'est plus centrée l'un sur l'autre comme avant. Il sera alors possible que, par la force des choses, certains se perdent lentement de vue. Ils auront regardé passivement leur route qui était en train de se séparer plutôt que de la voir s'élargir comme cela aurait naturellement dû se passer s'ils s'étaient entièrement engagés dans leur nouvelle vie. À mesure que les enfants grandiront, ces parents se bâtiront un petit monde bien à eux, chacun de leur côté. Ils auront chacun leurs amis et développeront leurs propres habitudes, devenant en quelque sorte de simples partenaires.

Les tierces personnes, au lieu de les réunir, les auront éloignés l'un de l'autre. Ils pourront continuer à s'apprécier, à s'aider, à s'aimer même. Mais ils ne vivront plus ensemble, car ils se seront perdus en chemin en laissant la complicité disparaître de leur relation. De nombreuses années pourront se passer ainsi, chacun profitant de sa liberté d'action. Le problème se manifestera peut-être lorsque les enfants auront grandi et que la maison redeviendra vide comme au début! Les deux conjoints se retrouveront alors seuls, deux étrangers sous le même toit, avec tout ce temps à passer ensemble. S'ils n'ont pas su garder le contact durant toutes ces années, ils se retrouveront comme deux anciens amis qui, lorsqu'ils se rencontrent vingt ans plus tard, ne savent plus trop quoi se dire et sont même presque gênés de se revoir.

Pour éviter ce genre de situation, il faut être conscient que l'amour doit être nourri quotidiennement pour prendre de la force et de la maturité, comme on doit le faire pour une plante qu'on aurait mise en terre et qu'il ne faudrait pas oublier d'arroser. Si l'on arrête de cultiver l'amitié, celle-ci se dissout d'elle-même avec le temps, c'est bien connu. L'amour, c'est pareil. Si la flamme n'est pas constamment attisée, elle baissera peu à peu d'intensité, et le moindre vent, celui de l'indifférence ou de l'ennui, pourra peut-être l'éteindre à jamais.

Vous qui avez des enfants, commencez déjà à vous préparer au jour où ils ne seront plus là. Prenez bien conscience qu'après leur départ, votre couple, lui, continuera d'exister et qu'il aura besoin d'être nourri. Pour ce faire, vous pourriez, par exemple, cultiver des passions communes qui vous garderont unis et entretiendront une salutaire complicité entre vous. Je connais certains couples dans la cinquantaine qui se sont mis tardivement à jouer au golf. Depuis lors, ils se retrouvent tous les jours sur le terrain pour enfin «vivre» ensemble, pour s'aider mutuellement et parler d'autre chose que des problèmes familiaux. C'est ce que nous avons décidé de faire, Céline et moi, durant l'été. Nous nous retrouvons ainsi plusieurs soirs par semaine, après le travail, à frapper sur ces petites balles blanches. Nous profitons de tout ce temps qui nous est donné pour marcher côte à côte entre deux coups, pour nous parler de notre journée ou de tout autre sujet que nous n'aurions jamais pu aborder autrement. Pendant ces quelques heures, nous gardons bien vivant le contact entre nous. Contrairement à certains autres couples, le sport nous a réunis au lieu de nous éloigner. Il s'agissait d'y penser. L'hiver, nous avons d'autres façons de nous retrouver: courtes promenades après le repas du soir, voyages, soupers en tête-à-tête au restaurant, etc. Tous ces petits à-côtés sont essentiels pour empêcher le quotidien de prendre le dessus sur nous et de nous séparer peu à peu.

Essayez donc d'imaginer, de préférence en couple, quelle tournure prendra votre vie commune quand vous vous retrouverez seuls tous les deux. Aurez-vous tendance à aller chacun de votre côté ou, au contraire, saurez-vous profiter de l'occasion pour vous rapprocher et vous aimer davantage? Si oui, de quelle façon aimeriez-vous le faire? Ne tombez pas dans le piège de l'abandon «passif». N'attendez pas que cela se fasse tout seul; agissez maintenant. Et soyez assuré que cette période qui vous attend sera telle que vous l'aurez programmée: une époque merveilleuse ou au contraire mortellement ennuyeuse. À vous de choisir...

L'amitié et l'amour, deux grandes sœurs inséparables

Les pros de la vie à deux ont tous en commun d'avoir su cultiver ces deux sentiments tout au long de leur relation. L'amitié qu'ils éprouvaient tout d'abord l'un pour l'autre s'est ensuite développée au fil des jours. C'est elle qui les faisait tellement rire ensemble, pour un tout ou pour un rien; c'est elle qui leur permettait d'affronter plus facilement leurs petits problèmes quotidiens, supportés par la complicité de leur force commune. L'amitié est cette énergie essentielle qui tisse les premiers liens d'un sentiment beaucoup plus profond: l'amour, qui vient ensuite fusionner les cœurs; elle ouvre la porte à l'amour. Les deux ne peuvent exister l'un sans l'autre dans un couple profondément uni. L'amitié pourra sembler superficielle à certains puisqu'elle est plutôt issue du mental. Son rôle est de servir d'aimant entre deux êtres ayant des affinités communes. L'amour, lui, est d'un cran plus élevé; il unit au niveau du cœur et permet aux âmes de se fondre l'une dans l'autre, au-delà de la raison.

Il est important de voir l'amitié et l'amour comme des sentiments complémentaires pouvant être ressentis et cultivés par deux êtres pour que leur relation amoureuse soit complète. Pour espérer vivre ensemble de façon intense jour après jour, un couple a besoin de l'union magique que représentent cette entente mentale créée par l'amitié et cette tendresse du cœur engendrée par l'amour. Apprenez à être tout d'abord un grand ami pour votre vis-à-vis. Intéressez-vous à ses affaires, à ses problèmes, à ses succès et à ses échecs, enfin à toutes ces petites choses dont on ne parle habituellement qu'avec un ami intime. Développez entre vous cette connivence si merveilleuse que l'on ne retrouve que chez des camarades de longue date que le temps ne réussira jamais à séparer. Et puis, laissez aussi la place à l'amour. Enlacez-vous affectueusement, regardez-vous sans vous parler, brillez ensemble, soyez juste heureux de vous retrouver l'un près de l'autre, sans qu'il y ait nécessairement une raison. L'amour naît sans qu'on s'en rende compte, du pétillement de bonheur qui prend forme entre deux êtres et qui les enveloppe soudain quand ils se retrouvent en présence l'un de l'autre. L'amitié profonde qui les unit est ce petit nid douillet où l'amour trouve assez de chaleur pour éclore.

On croit parfois, et j'oserais dire à tort, que ce sentiment d'amour intense doit être constamment présent entre les deux conjoints. Dès qu'ils ne le sentent plus, ils s'imaginent que leur amour a faibli, qu'il n'est plus comme avant. Est-il en train de s'effriter, se demandent-ils alors? Bien sûr que non! En réalité, durant la journée, nous passons continuellement d'un état à l'autre, de l'amitié à l'amour, et encore là, à des niveaux d'intensité chaque fois différents. Donc, il ne faut pas se surprendre si nos sentiments changent et si l'amitié prime parfois sur l'amour, ou vice versa. Il faut arrêter de soupeser son degré d'amour envers l'autre selon l'intensité du sentiment que l'on ressent pour lui à tel ou tel instant. L'amour ne se mesure pas, il se vit...

Acceptez qu'une personne puisse vivre chaque minute de sa vie dans un état d'âme différent de celui qui était le sien l'instant d'avant. Et maintenant, si le cœur vous en dit, amusez-vous à détecter les moments où vous êtes mû par l'amitié et ceux où vous l'êtes plutôt par l'amour. N'oubliez jamais que c'est l'amalgame des deux sentiments qui mènera votre couple vers les plus hauts sommets. Ne nourrissez pas l'un au détriment de l'autre. L'équilibre en tout est toujours le guide le plus sûr.

Pensez maintenant à celui ou celle que vous aimez. Ressentez-vous pour cette personne, en cet instant précis, de l'amitié ou plutôt de l'amour? Remémorez-vous la dernière fois où vous vous êtes vus. Est-ce l'ami qui était là, ou l'amoureux? Jouez à comprendre vos états d'âme et, encore mieux, partagez-les. Vous pourrez alors dédramatiser votre relation et faire taire ces éternels questionnements concernant votre degré d'amour pour l'autre.

On a toujours un petit quelque chose à apprendre de l'autre

Toutes les situations que nous vivons renferment des trésors de richesse que nous pouvons puiser si nous avons la sagesse de les reconnaître et de les utiliser ensuite pour nous élever. Chaque être que nous rencontrons et avec qui nous établissons un contact d'âme à âme a en effet un message à nous transmettre, non seulement par ce qu'il peut nous dire, mais, très souvent, par son seul état d'âme. Ainsi, si nous avons choisi certaines gens comme nos amis, c'est qu'ils ont quelque chose d'important à nous apporter, et vice versa. Si l'amitié se dissout d'elle-même, par désintéressement ou simplement à cause de l'usure de la vie, c'est que nous avons capté mutuellement ce que nous avions à nous transmettre. Il est peut-être alors temps de lâcher prise l'un vis-à-vis de l'autre afin que d'autres perles puissent nous être offertes par des personnes différentes. Ainsi va la vie, d'ami en ami, de maître en maître. S'opposer à ce mouvement ne peut que freiner notre évolution dans son rythme de croisière.

Dans les couples, c'est la même chose qui se produit. Si on a le bonheur de vivre avec une personne avec laquelle on partage pleinement amitié et amour durant des années, cela est sûrement dû au fait que ce qu'elle nous apporte est essentiel à notre développement. Chez les pros de la vie à deux, cette complémentarité dont je parlais plus tôt, ce besoin d'apprendre l'un de l'autre est plus fort que tout. Aussi longtemps que l'on est ensemble, on a donc toujours un maître devant soi, c'est-à-dire un être qui, bien souvent malgré lui, nous permet d'avancer par ce qu'il nous propose. Mais comment en profiter pleinement? Ce peut être en cultivant les qualités que l'on admire le plus chez lui, ou encore en faisant sur nous-même les prises de conscience que sa façon d'agir nous incite à faire.

Si, après avoir affronté les pires tempêtes, nous sommes toujours ensemble et que la flamme reste bien allumée — c'est là le point crucial —, c'est probablement que notre travail d'entraide doit se poursuivre. On n'est donc jamais en relation profonde avec quelqu'un sans qu'il y ait des raisons importantes pour qu'il en soit ainsi. Prenez-en bien conscience et soyez attentif aux sentiments que les autres vous inspirent, qu'il s'agisse de vos amis ou de vos ennemis... Dans un couple, les leçons que nous apporte l'autre sont souvent reliées à ce besoin d'équilibre que recherche notre âme: le fameux juste milieu en tout, le gage de la sagesse.

Au début de notre union, Céline et moi avions des goûts bien différents. J'étais très attiré par l'ésotérisme et par tout ce qui se rapportait à la spiritualité. J'avais même tendance à voler un peu trop haut... parfois! Céline, par contre, n'avait aucune attirance particulière pour ce type de choses, mais elle gardait quand même toujours un esprit ouvert. Je compris très tôt que ce que je devais apprendre d'elle était de savoir «doser» mes élans dans ce domaine et de garder un peu plus les deux pieds sur terre. De son côté, à mon contact, Céline a développé un intérêt plus fort pour le cheminement intérieur et s'est intéressée de plus en plus à mes recherches.

La complémentarité s'était donc éveillée entre nous. Lorsque je volais trop haut, Céline me ramenait au sol avant que je perde contact avec la réalité, tandis que mon énergie lui donnait la motivation nécessaire pour continuer son propre cheminement. Encore aujourd'hui, nous nous aidons constamment dans ce domaine, tâchant de maintenir l'équilibre et de l'enseigner aux autres du mieux que nous le pouvons. Ce que nous nous sommes appris tous les deux nous a permis de découvrir ensemble le merveilleux monde de la spiritualité, avec tout ce qu'il pouvait nous apporter dans le quotidien. L'équilibre né de cette complicité nous a enseigné que l'unique but de toute recherche spirituelle doit être de nous rendre plus heureux, pas autre chose!

Prenez donc conscience à votre tour des différences qui existent dans votre couple ou de celles qui vous distinguent des gens que vous côtoyez habituellement. De quelle façon ces aspects pourraient-ils vous rapprocher les uns des autres à partir de points de rencontre communs, dans ce fameux juste milieu, par exemple? Vous contentez-vous de rester chacun de votre côté, bien assis sur vos positions, de peur de perdre quelque chose? Si vous saviez tout ce que vous pourriez gagner à faire quelques pas l'un vers l'autre, vous auriez la sagesse de vous servir de votre conjoint ou de vos amis pour apprendre à mieux **vous** connaître. Il y a toujours en eux des trésors qui ne demandent qu'à être découverts et des perles qui resteront toujours dans l'ombre si elles ne sont pas mises à jour et cueillies.

Être toujours heureux des succès de l'autre

Certaines gens ne peuvent côtoyer le succès des autres sans se sentir automatiquement diminués. Ils démontrent ainsi une certaine jalousie envers les gagnants, probablement à cause de leur manque de confiance en leurs capacités. Ils lanceront des commentaires désobligeants tels que: «On sait bien, il a tellement de chance; il a de l'argent, lui; il est plus intelligent, je suppose», etc. Cette mauvaise habitude de se comparer avec tout un chacun n'a pour effet que de nous renforcer dans notre complexe d'infériorité, lequel a été créé de toutes pièces par une façon défaitiste de penser qui s'est installée avec les années.

À l'inverse, il y a de ces gens qui éprouvent presque plus de bonheur à voir les autres connaître le succès que si ça leur était arrivé à eux-mêmes. Ces êtres sont évidemment des gagnants et ils ne se sentiront jamais diminués par la réussite des autres. Bien au contraire, car le succès d'autrui constituera pour eux une motivation supplémentaire pour se surpasser à leur tour.

Dans un couple heureux ayant atteint la maturité, la joie ressentie devant le bonheur de l'autre est constante. Le succès de l'un sera toujours celui de l'autre. Tout ce qui contribue à rendre le conjoint plus heureux devient inévitablement un élément de félicité pour son vis-à-vis. Même si cette façon positive de réagir ne nous est pas toujours naturelle, il ne faut jamais se décourager. Il faut plutôt s'accepter tel que l'on est, en essayant toujours d'améliorer son comportement. Cela peut prendre des années et cela se fera au fur et à mesure que la maturité, la confiance et l'amour grandiront.

Au cours de mes premières années de vie commune avec Céline, j'étais souvent obligé de me rendre à l'extérieur pour affaires. Ces voyages m'enthousiasmaient, mais mon épouse qui devait, elle, rester seule à la maison, ne voyait pas ces départs du même œil. Ceux-ci devinrent vite pénibles pour nous deux, à cause de la pression qu'ils exerçaient sur notre couple.

La situation me paraissait insoutenable... mais la vie n'avait pas dit son dernier mot! En effet, une série d'événements fit en sorte que mon épouse put comprendre le plaisir que je prenais à faire ces voyages et le sentiment que j'éprouvais durant ceux-ci, à me réconcilier avec moi-même. Graduellement, Céline commença à participer à l'euphorie qui m'envahissait à la seule pensée de m'éloigner pendant quelques jours. Elle devint dès lors aussi heureuse que moi quand elle savait qu'un voyage se préparait. De mon côté, j'essayais de les écourter le plus possible, tout en essayant d'en profiter encore plus intensément. L'équilibre était encore né de la bonne entente entre nous et de notre préoccupation mutuelle à voir l'autre toujours plus heureux.

Quand on apprend à savourer pleinement les succès de l'autre et à les considérer comme s'ils étaient les nôtres, on arrive plus facilement à compatir avec lui lorsqu'il est confronté à un échec. Un seul mot de compassion prononcé au bon moment peut suffire à éteindre bien des petits feux qui, en d'autres circonstances, auraient pu tourner en incendies majeurs... Nous devenons vraiment des complices et des compléments parfaits quand nous prenons conscience de ce support constant que l'autre peut nous donner dans les meilleurs comme dans les plus sombres moments.

Regardez maintenant où se situe votre degré de compassion pour votre entourage. Savez-vous baigner dans la lumière de l'autre lorsqu'il y baigne lui-même? Avez-vous plutôt tendance à vous sentir diminué lorsqu'il obtient du succès ou même à vous réjouir, en votre for intérieur, lorsqu'il essuie un échec? Croyez-vous que votre partenaire a plus de chances de succès que vous-même? Ne vous mentez pas... Soyez juste et réaliste, et acceptez-vous tel que vous êtes. L'important, c'est d'admettre ces sentiments moins nobles que l'on se cache souvent à soi-même. Permettons-leur d'exister, en cessant de leur donner de l'importance. Personne n'est parfait, hormis celui qui accepte justement d'être parfois... imparfait!

L'amour et la haine: deux énergies provenant d'une même source, mais utilisées différemment

J'ai toujours été étonné par l'intensité de ces deux sentiments chez l'être humain, de même que par la similitude de certaines de leurs manifestations. J'ai connu des couples qui ont vu l'amour qui les unissait se transformer du jour au lendemain en une telle haine qu'on n'aurait jamais pu imaginer cela possible. Comment peut-on aimer quelqu'un à en mourir et, en peu de temps, le haïr tellement qu'on serait même prêt à le voir mourir? La seule conclusion à laquelle j'ai pu en arriver est que l'amour et la haine sont mus par une seule et même énergie. Plus l'amour est grand, plus la haine sera dévastatrice si cette énergie n'est pas canalisée correctement. Toutes ces guerres d'avocats qui servent de tampon entre deux êtres qui ont laissé leur amour se transformer en haine ne représentent, selon moi, qu'une preuve de plus de la grande immaturité qui afflige notre monde. Et ce sont encore les émotions qui sont à la source de ces changements radicaux. Une émotion négative refoulée qui ne serait pas reconnue et transformée à temps, pourrait prendre une telle envergure qu'elle échapperait à toute emprise. C'est alors que l'amour peut devenir haine.

Prenons un exemple concret pour bien faire voir la subtilité de cette énergie amour-haine à laquelle on peut être confronté. Vous vous réveillez un bon matin la joie au cœur, en ressentant beaucoup d'amour pour cet être qui a dormi à vos côtés. Par contre, ce dernier se lève du mauvais pied et, en moins de deux, il retourne sa mauvaise humeur contre vous. Il passe, même s'il ne le pense pas vraiment, quelques commentaires désobligeants sur votre tenue vestimentaire, sur votre coiffure ou sur tout autre point qui le dérange. Sans vous donner le temps de répliquer, il s'habille en vitesse et file en claquant la porte derrière lui. L'émotion vous envahit alors, et vous devenez rouge de colère. Vous fustigez contre lui et lui criez votre rage de le voir aussi injuste envers vous!

Que s'est-il donc passé sur le plan énergétique durant ces quelques minutes? Cet amour qui vous enveloppait à votre lever est-il complètement disparu? Cette haine qui maintenant vous habite et vous amène à vous demander comment vous avez pu choisir de vivre avec un être aussi ignoble est-elle ce nouveau sentiment qui remplacera désormais l'amour initial? Évidemment non. L'énergie qui sous-tend votre amour est exactement la même que celle qui se transforme en haine à cause de l'émotion que vous avez laissé monter en vous. C'est la même force, mais dirigée dans le sens opposé. Mais continuons la mise en situation. Votre conjoint, conscient de ses excès de langage, retrouve peu à peu ses sens et revient à la maison quelques minutes plus tard, avec des fleurs à la main. Cette énergie de haine qui vous a submergé il y a quelques instants peut de nouveau se transformer en amour. Vous avez en fait haï autant que vous avez aimé.

Mais ne vous en faites pas! Même les couples les plus heureux connaissent ces changements de cap fréquents lesquels ne sont, en réalité, que l'expression d'émotions issues du mental et rarement du cœur. Ce qu'il est important de savoir, par contre, c'est que ces états, qu'ils soient positifs ou négatifs, ont la même origine. Selon la direction qu'on leur laisse prendre, ils peuvent agir avec la même intensité, d'un côté comme de l'autre. Ainsi, si vous sentez monter en vous un vent de haine envers votre vis-à-vis à la suite d'un événement malheureux, ayez la sagesse de rechercher au plus tôt l'origine de cette émotion, puis laissez-la simplement exister, en la nourrissant le moins possible. Laissez tomber votre ressentiment et attendez que le temps produise son effet d'apaisement habituel. Quand les cendres seront retombées, vous pourrez analyser plus calmement la situation, de préférence lorsque vous serez tous les deux remis de vos émotions.

Moi-même, j'ai déjà eu tendance à paniquer en sentant monter en moi ces réactions émotives que déclenchaient certains agissements de Céline, surtout quand elle me retournait le miroir pour que je voie qui j'étais vraiment. Durant ces situations éprouvantes, l'amour débordant que je ressentais pour elle depuis des années chavirait en quelques minutes. J'allais même jusqu'à remettre en question ma relation avec elle.

Avec du temps et de la bonne volonté, j'ai pris conscience que mon ego n'acceptait pas toujours de se faire dire ses quatre vérités. Mes réactions étaient le fait de cet aspect de ma personnalité qui ne tolérait pas de se faire dire qu'il était dans l'erreur. Maintenant, lorsque ces émotions négatives remontent en moi, je tente de les reconnaître aussitôt et leur permets simplement d'exister. Elles se dirigent alors vers la porte arrière pour s'en aller aussi vite qu'elles sont arrivées. Si, à la place, je les nourrissais en les retournant inlassablement dans ma tête, elles pourraient facilement se transformer en haine et miner notre relation durant des jours, voire même durant des semaines.

Apprenez donc à reconnaître ces pulsions négatives en vous; laissez-les «être», sans vous culpabiliser de ce qu'elles animent parfois en vous. Vous ne pouvez empêcher que cette émotion vous atteigne, mais vous pouvez cesser de la nourrir afin qu'elle s'évanouisse d'elle-même, anéantie par votre indifférence.

Une relation de couple évolue de jour en jour; il ne faut pas la freiner

De jour en jour, d'année en année, la vision que chaque conjoint a de l'autre ne cesse de changer, prenant différents aspects, selon ce que la vie leur fait expérimenter ensemble. Lorsqu'on fait le bilan d'une relation amoureuse, il faut tenir compte des sentiments qui animent les deux conjoints, par exemple leur tolérance envers les agissements de l'autre, et aussi la liberté qu'ils s'accordent mutuellement, leurs attentes qui ne sont plus les mêmes, etc. Les pros de la vie à deux vont toujours vérifier par différents moyens, personnels à chacun, si les perceptions qu'ils ont l'un de l'autre ont changé en cours de route.

Lorsque Céline éprouvait de la tristesse parce que je devais m'absenter pour des voyages d'affaires, elle accueillait toujours la nouvelle de mon départ avec une certaine lueur nostalgique au fond des yeux, ce qui avait pour effet de me faire ressentir de la culpabilité au lieu de la joie que j'aurais dû éprouver à me retrouver seul avec moi-même durant quelques jours. Plus tard, lorsque son attitude à ce sujet eut changé, je pensai qu'elle jouait la comédie pour ne pas me déplaire, mais qu'elle avait toujours autant de peine dans le cœur. Je voulus vérifier quels étaient ses réels sentiments sur la question et m'aperçus, à ma grande joie, que la vision qu'elle avait maintenant de mes voyages s'était complètement modifiée. Elle considérait dorénavant mes absences comme un temps d'arrêt pour elle, l'occasion de faire des choses qu'elle ne pouvait se permettre en ma présence: ne pas préparer de repas, lire durant toute une soirée, flâner au lit, etc. Ainsi, l'un comme l'autre avons dû réviser nos positions au fil des années, et il était important que nous en prenions tous les deux conscience.

Les vieilles énergies du passé doivent donc être balayées régulièrement afin que de nouvelles, plus belles et mieux adaptées à ce que l'on vit, viennent les remplacer avantageusement. Il faut effectuer périodiquement ce ratissage pour ne plus avoir à porter sur nos épaules un fardeau qui ne nous appartient plus, mais qu'on se sent obligé d'assumer, par habitude ou à cause d'un sentiment de culpabilité.

Sentez-vous, au fond de votre cœur, certains doutes sur les sentiments réels de votre conjoint à votre égard? L'évolution de votre couple et la confiance que vous avez établie permettent-elles à votre liberté mutuelle de s'accroître? Pouvez-vous trouver des avantages à certaines situations qui vous déplaisaient auparavant, mais qui vous accommodent maintenant? En avez-vous informé votre compagnon? Prenez un temps d'arrêt ensemble et, avec du recul, évaluez votre évolution personnelle ainsi que celle de votre couple durant les dernières années. Êtes-vous plus heureux et plus libres qu'avant? Que pourriez-vous laisser définitivement derrière vous pour que la nouveauté puisse s'installer?

Ces petits riens qui font toute la différence...

Qui n'a un jour expérimenté par lui-même qu'à force de ne rien faire, on devient vite paresseux? En s'abrutissant dans le train-train quotidien, on en arrive à agir comme un robot qui s'acquitte machinalement de sa tâche jour après jour: on se lève toujours à la même heure, on mange la même chose et aux mêmes moments, on se couche chaque soir après avoir écouté les actualités à la télévision, qu'on ait sommeil ou pas, etc. On a aussi tendance à répéter le même scénario dans notre vie de couple, et la routine s'installe. À force d'effectuer nos tâches toujours de la même façon, on devient complètement désorganisé si quelqu'un ou un quelconque événement vient perturber nos sacro-saintes habitudes. Le couple s'enlise ainsi, sans trop s'en rendre compte, et devient amorphe, endormi dans son éternel quotidien. S'il laisse couler le navire sans réagir, celui-ci sera un jour complètement submergé, et rien ne pourra l'empêcher de sombrer à jamais dans l'oubli et l'indifférence.

C'est pourquoi la vie nous offre souvent des occasions de réagir à cet abrutissement que le modernisme nous impose parfois avec ses horaires serrés. Il s'agit de ce que j'appellerais *les petites ou les grandes sorties hors de l'ordinaire*: s'engager à assister à un spectacle chaque mois, aller voir un film au cinéma au lieu de louer une cassette vidéo, sortir pour aller prendre un repas dans une auberge éloignée... et ne revenir que le lendemain, après une folle nuit d'amour, escalader des montagnes, faire régulièrement des excursions en vélo, louer un bateau pour faire de la voile, etc. Tous les prétextes sont bons pour se retrouver. Ces petites escapades vous rapprocheront l'un de l'autre, peut-être plus que ne le feraient les meilleures thérapies du monde. Elles empêcheront votre couple de se décrépir et de s'user à la corde... Voyez-y maintenant, pas demain.

Mettez aujourd'hui même ce genre de sorties à votre agenda; faites-en une priorité à laquelle vous ne pourrez déroger. Ainsi, vous ne pourrez plus vous donner d'excuses pour ne rien faire. Profitez ensemble du temps précieux que la vie veut bien mettre à votre disposition. Ne le perdez surtout pas à vous ennuyer chacun de votre côté; il y a tellement de nouvelles choses à découvrir! Établissez avec votre partenaire une liste de ces petites sorties que vous pourriez expérimenter de temps à autre. Peut-être vous apercevrez-vous que c'est ce que vous espériez secrètement tous les deux, sans oser vous le dire! Peut-être aviez-vous besoin que quelqu'un vous pousse à le faire! Soyez pour l'autre une bougie d'allumage et voyez l'étincelle se raviver. Il est tellement plus facile... et abrutissant de ne rien faire et de laisser la vie nous glisser entre les doigts. Réagissez dès maintenant. Allez, hop! On sort...

Éteindre les feux de paille avant qu'ils ne tournent en conflits majeurs

Bien des petits différends peuvent naître au cours d'une journée à cause des frustrations de notre ego qui veut toujours avoir raison et faire le moins de concessions possible. On dirait que plus les personnalités sont fortes, plus elles cherchent d'occasions pour tenter de consolider leurs positions et imposer leurs quatre volontés! Les ego interprètent les paroles à leur façon, ils voient les choses selon leur état d'âme du moment, ils prononcent des mots qui sont parfois à l'opposé de ce que ressent vraiment leur âme, cette étincelle divine qui les habite et devrait être leur maître absolu. En fait, lorsque l'ego est dans ses mauvais jours, lorsqu'il est perturbé par un sentiment de rejet ou d'insécurité, il devient provocateur et sème la zizanie autour de lui en provoquant des réactions émotives. Si ces dernières sont prises trop au sérieux, par la personne elle-même ou par son entourage, elles finiront par allumer des feux de paille ici et là, lesquels, s'ils ne sont pas éteints à temps, pourront dégénérer en incendies dévastateurs.

Même lorsqu'on est conscient de ce jeu de l'ego dans nos vies, il n'est pas toujours facile de réagir à temps, et il arrive que l'on ait des réactions indésirables concernant les autres. C'est plus fort que nous, et on ne s'en rend compte qu'après que le mal a été fait. Mais, il est beaucoup plus aisé de détecter ces manifestations émotives chez les autres. On peut alors apprendre à les reconnaître à temps et à ne pas les prendre trop au sérieux. Aussitôt que s'allume un de ces feux de paille, par notre entremise ou par celle de quelqu'un d'autre, on peut s'éloigner momentanément ou encore installer autour de nous, par la simple pensée, une bulle de protection. Cette dernière ne laissera pénétrer dans notre champ énergétique que les choses positives, laissant le négatif glisser sur nous comme de l'eau sur le dos d'un canard. Si, au contraire, on se laisse prendre au jeu de l'ego frustré, que l'on ait soi-même allumé ces feux de paille ou qu'on en soit la victime, le vent des émotions s'élèvera et viendra attiser le brasier, lui faisant prendre inutilement de l'ampleur.

Laissez-moi vous suggérer une excellente façon de tuer dans l'œuf ces sursauts de l'ego, c'est-à-dire d'empêcher que le moindre vent de discorde ne dégénère en tempête. Vous pouvez facilement désarmer l'adversaire en acceptant d'emblée, avec le plus grand calme, d'écouter sans répliquer ses doléances à votre endroit. Admettez ensuite qu'il a peut-être raison de vous parler ainsi et ajoutez que vous allez examiner la situation pour voir ce que vous pourriez faire pour l'améliorer. N'attisez pas les émotions qui veulent prendre feu, laissez-les plutôt s'éteindre d'elles-mêmes en ne les nourrissant pas.

Prenez, par exemple, le cas où votre conjoint vous déclare à brûle-pourpoint: «Eh! que tu as l'air bête ce matin!» Votre réaction naturelle serait alors de lui répondre avec la même véhémence en l'invitant à se regarder dans une glace et de cesser de vous renvoyer l'image qu'il présente lui-même. Mais, et vous le savez sûrement, cette façon de réagir pourrait, en moins de deux, dégénérer en un conflit majeur. Si vous lui répondiez plutôt: «Tu as peut-être raison. J'ai mal dormi cette nuit. Je vais voir ce que je peux faire pour remédier à cela», votre attitude aura l'effet d'un seau d'eau qu'on lance sur le feu... ou d'une douche froide qui viendrait calmer les esprits. Si vous avez la présence d'esprit de réagir ainsi et de ne pas vous laisser prendre au piège qui vous est tendu, vous connaîtrez des résultats magiques et immédiats, vous verrez!

Cette façon de désamorcer les crises peut s'appliquer à toutes les situations conflictuelles qui peuvent naître au cours d'une journée. En plus de tuer le conflit dans l'œuf, elle permet d'ouvrir la porte à la réflexion. Car toute remarque désobligeante peut devenir une occasion de voir si elle ne renfermerait pas une part de vérité, si minime soit-elle. Avec un peu de bonne volonté et beaucoup d'humilité, on peut ainsi apprendre à mieux se connaître, sans devoir combattre inutilement et s'épuiser à le faire.

Essayez de vous rappeler la dernière altercation que vous avez eue avec votre conjoint ou avec un ami, peu importe. Comment avez-vous réagi? De quelle façon une réaction positive de votre part aurait-elle pu atténuer l'impact négatif de la situation? Revoyez la scène dans votre tête et récrivez le scénario, mais cette fois en réagissant positivement. Remarquez la différence de comportement que suscite cette ouverture dont vous aurez fait preuve. Mais ne vous faites pas d'illusions! Cette manière de réagir ne s'installera pas en vous comme par magie. Il vous faudra la pratiquer chaque jour. Ne vous offusquez donc pas contre vous-même si vous vous faites encore prendre à vous enflammer trop rapidement! C'est tout à fait normal, dans les premiers temps, de retomber dans nos anciens schèmes de pensée. Lorsque les cendres seront retombées et le calme revenu, ayez le réflexe de visualiser la situation qui a causé la dispute. Demandez-vous comment vous auriez pu désamorcer la crise et reconnaissez vos torts, même s'ils ne vous semblent pas évidents sur le coup.

Évidemment, comme je l'ai dit plus tôt, cette façon idéale de réagir — et je pèse bien mes mots — demande beaucoup d'humilité et de maturité. Notre ego est alors invité à prendre l'air, car on lui aura envoyé comme message qu'il n'est peut-être pas aussi parfait qu'il prétend l'être. Il réagira d'abord brusquement mais, ne vous en faites pas, vous l'aurez à l'usure!

Un autre moyen de contrer les impulsions négatives qui montent en nous ou qui surgissent chez les autres consiste à s'éloigner du «champ de bataille» pendant quelques minutes, pour laisser aux émotions le temps de s'apaiser un peu. Lorsque je me lève de mauvais poil ou que ma journée de travail a été dure, je me sens envahi d'une agressivité désagréable, autant pour moi que pour les autres. Je sais alors que si je laisse cette pulsion prendre le dessus, elle pourra me causer plus de mal que de bien. J'en profite pour sortir et faire une longue marche, en respirant à pleins poumons, renouant ainsi le contact avec mon âme, grâce à cette rencontre avec la nature, Ce faisant, les peurs se dissipent, l'ego reprend sa place, je peux rentrer calmement chez moi et repartir du bon pied. Il s'agit de réagir à temps aussitôt que l'on sent monter la pression, non pour la réprimer, mais pour la laisser s'échapper sans provoquer trop de heurts.

Apprenez donc, toujours en vous amusant, à reconnaître à temps les feux de paille qui naissent en vous et autour de vous. Ne les laissez plus se transformer en conflits majeurs en les attisant par vos émotions négatives ou par votre haine. Réagissez à temps en essayant de vous en servir pour mieux vous connaître. Par le fait même, vous en contrerez les effets dévastateurs et vous ne perdrez plus d'énergie à les combattre.

Se fixer des idéaux réalistes

Certaines gens ont de telles attentes concernant leurs amours qu'ils font fuir à toute allure les candidats qui pourraient éventuellement se présenter à leur porte... Ces derniers sont si rapidement envahis par la peur de ne pas être à la hauteur de ces attentes et de se retrouver pris à la gorge qu'ils déguerpissent aussi vite qu'ils sont arrivés!

Le plus haut degré d'amour qui puisse unir deux êtres est atteint lorsqu'ils ont appris simplement à «être bien» ensemble, lorsqu'ils ont toujours hâte de se retrouver et qu'ils n'ont plus besoin d'artifices ni de masques pour se plaire. Ceux-là sont des pros de la vie à deux. Demeurer réaliste dans ses idéaux ne veut pas dire cesser de rêver, mais plutôt de concentrer toutes ses énergies à savourer et à faire grandir au maximum l'amour ressenti dans l'instant présent. Cela consiste également à ne pas idéaliser sa relation et à cesser de se comparer aux autres. L'amour est ou n'est pas! On ne peut l'évaluer au poids, mais plutôt à l'intensité, à la maturité et à la profondeur. Ce qui importe, c'est de savourer pleinement chacun des moments vécus avec l'autre et de laisser passer, sans s'y attarder, les périodes un peu plus grises. C'est également de ne pas s'attacher uniquement à la passion amoureuse, tout en étant capable d'en savourer tous les élans.

Être réaliste dans ses idéaux consiste à cesser de courir après l'impossible et à ne pas se lancer de défis insurmontables. C'est aussi être capable de voir en l'autre le parfait complément, l'ami sincère, la personne la plus importante pour nous dans tout l'univers. Quand la passion des premiers jours s'est estompée, il faut savoir que l'amour ne s'éteindra pas pour autant, mais qu'il se transformera en quelque chose de plus profond et de plus durable, si on veut bien lui en laisser la chance. Les folles amours sont souvent de courte durée, mais il faut quand même prendre le temps de les savourer si l'on veut qu'elles s'enracinent profondément pour pouvoir créer des bases solides.

Que vos idéaux soient toujours rattachés au simple fait d'être bien ensemble, de vous amuser en tout et de vous aider à vous connaître mutuellement, grâce à la force nouvelle qui vous anime. N'en demandez pas plus, car c'est alors que se déverseront sur vous les trésors les plus extraordinaires, ce surplus venu des cieux qui vous permettra de devenir rapidement et facilement des pros de la vie à deux.

Conclusion

Et arrive un jour où tous les efforts déployés pour grandir ensemble, pour développer sa maturité, sa confiance et son respect de l'autre donnent le plus beau cadeau du monde: *l'initiation* au cours de laquelle les deux êtres unis dans la même relation seront propulsés vers l'étape la plus sublime de leur amour: *l'assurance que rien ni personne ne pourra jamais plus les séparer, qu'ils seront toujours ensemble jusqu'à la fin de leurs jours,* et peut-être même au-delà de cette vie qu'ils ont su honorer par leur recherche continuelle du bonheur. Ces couples pourront vous dire en toute sérénité qu'ils vaincront toutes les tempêtes, qu'ils se sortiront de toutes les impasses, qu'ils n'auront plus jamais peur de se perdre mutuellement, car ils auront acquis une confiance absolue vis-à-vis l'un de l'autre. Les gens qui forment ces couples sont de véritables pros de la vie à deux. Ils savent bien qu'ils ne sont pas acquis l'un à l'autre, mais ils sont quand même convaincus que leurs âmes feront tout pour les garder unis pour toujours. Ils ne doutent jamais de leur capacité à satisfaire l'autre, car le bonheur est constant chez eux. Seul leur ego peut les en éloigner momentanément, et ça, ils le savent bien. Ils acceptent d'affronter les petites tempêtes, ce qui leur donne l'occasion de faire un salutaire nettoyage. Comme les arbres, ils ont appris à courber l'échine au plus fort de l'orage, pour se relever ensuite quand le calme est revenu et se reconnecter avec le ciel!

Les pros de la vie à deux sont de plus en plus nombreux, mais on ne les remarque généralement pas. Ils n'alimentent pas l'actualité, mais ils sont quand même là, à s'aimer dans leur cœur, sans faire le moindre bruit. Ils créent autour deux une force qu'on pourrait qualifier de magnétique et de magnifique. Celle-ci pourra être ressentie et saisie par quiconque aspire à suivre leurs traces pour devenir un jour comme eux.

Que vous viviez en couple ou que vous soyez seul pour l'instant, aspirez à faire vous aussi partie de cette race de gens heureux. Joignez les rangs de ces êtres simples dont la mission se résume à manifester la joie de vivre en toute occasion.

Si vous devez affronter une tempête, ne ménagez pas vos efforts et vous pourrez ainsi éviter le pire. Si vous êtes tous les deux conscients du bonheur qui vous attend au bout de la route, cela se fera tout seul. Sachez que les couples heureux qui ont atteint la maturité existent bel et bien, qu'ils ne sont pas une race en voie d'extinction, bien au contraire. Ne vous laissez plus barrer la route par des gens qui ne s'aiment pas. Comment pourraient-ils aimer les autres s'ils ne commencent pas par s'aimer eux-mêmes? Le seul fait de croire possible l'harmonie entre deux êtres vous projettera vers l'avant. Jamais vous ne douterez de votre capacité à atteindre ce degré de bonheur mutuel. Mettez le temps de votre côté et ayez confiance en l'autre. Pensez à vos deux âmes, constamment enlacées, qui vous exhortent à en faire autant... Je vous souhaite de découvrir, tout comme j'ai eu la chance de le faire, la merveilleuse aventure de la vie à deux. Bon départ, bonne route, et *bonnes amours!*

Pour commentaire ou demande de renseignements
concernant les ateliers, les conférences
et les autres produits proposés par
Monsieur André Harvey,
veuillez écrire à l'adresse suivante:

André Harvey
C.P. 384
St-Damien, Qc, Canada
G0R 2Y0

BIBLIOGRAPHIE

BACH, Richard. *Illusions,* Flammarion, 1978.

BACH, Richard. *Un pont sur l'infini,* Flammarion, 1985.

BACH, Richard. *Un,* éd. Un monde différent, 1989.

BOURBEAU, Lise. *Écoute ton corps,* éd. E.T.C., 1987.

BOURBEAU, Lise. *Qui es-tu?,* éd. E.T.C., 1988.

BOURBEAU, Lise. *Écoute ton corps, encore!* éd. E.T.C., 1994.

FUN-CHANG, *Utilise ce que tu es,* éd. Soleil, 1985.

GAGNÉ, Robert L. *La plénitude de soi,* éd. Dimensions, 1993.

HAICH, Elisabeth. *Initiation,* éd. du Signal, 1985.

MILLMAN, Dan. *Le guerrier pacifique,* éd. Soleil, 1985.

MILLMAN, Dan. *La voie du guerrier pacifique,* éd. du Roseau, 1994.

PECK, Scott. *Le chemin le moins fréquenté,* éd. Robert Laffont, 1987.

PHYLOS. *J'ai vécu sur deux planètes,* éd. Robert Laffont, 1972.

PRABHUPADA, Swami. *La Bhagavad-gita, telle qu'elle est,* éd. Bhaktivedanta, Montréal, 1990.

RAINVILLE, Claudia. *Participez à l'Univers, sain de corps et d'esprit,* éd. F.R.J., 1989.

RAINVILLE, Claudia. *Vivre en harmonie avec soi et les autres,* éd. F.R.J., 1990.

RAINVILLE, Claudia. *Rendez-vous dans les Himalayas,* Tome 1 et 2, éd. F.R.J., 1993.

REDFIELD, James. *La Prophétie des Andes,* éd. Robert Laffont, 1994.

SALOMON, Paule. *La sainte folie du couple,* Albin Michel, 1994.

WOLFE, Norbert. *La tendresse,* Les Éditions de l'Homme, 1984.

Du même auteur:

SUR LA VOIE DE LA SAGESSE

22 thèmes abordés dans un langage simple pour permettre aux gens de JETER UN REGARD NEUF au-delà de leurs croyances: la spiritualité, le respect du couple, le karma, la vie après la mort et la renaissance, l'intuition, l'amitié et l'amour, la sexualité, les dons d'organes, l'âme sœur, le destin, etc. Un livre idéal pour les personnes en début de cheminement spirituel.

160 pages

UN VIEUX SAGE M'A DIT...

Qui n'a jamais rêvé de rencontrer un jour un vieux sage... et de profiter pleinement de son savoir! SANS JUGEMENT AUCUN, André Harvey aborde des sujets aussi actuels que l'avortement, l'homosexualité, la médiumnité, la pensée positive, les égrégores de pensées, la méditation, l'énergie christique, les prédictions, le rôle de la femme, etc. Il explique également comment il a pu rencontrer ce vieux sage...

158 pages

L'ULTIME PARDON

Dans la plupart des récits, l'histoire se termine quand le héros meurt. Mais dans cet ouvrage, c'est au décès tragique de celui-ci que l'intrigue prend naissance. Un récit à saveur spirituelle où l'évidence que le hasard n'existe pas s'impose! Un outil IMPORTANT pour tous ceux et celles qui ont pour objectif de pouvoir un jour PARDONNER VRAIMENT, et FACILEMENT... 176 pages

PARCELLES DE SAGESSE

Avec beaucoup de simplicité et d'humour, André Harvey présente dans ce livre une vision positive et réaliste de la vie de tous les jours. Ces **365 réflexions quotidiennes** sont le fruit de nombreuses années de recherches intérieures, années pendant lesquelles il a vu émerger en lui ces ***parcelles de sagesse***. Chaque jour, une pensée, une anecdote, une réflexion nous permettant d'entrevoir le monde différemment...

374 pages

Jeu des qualités

52 cartes d'affirmation pour s'amuser à se comprendre et à s'améliorer

Également disponibles:

Cassettes de méditation guidée

Voyage sur la montagne de votre être
Rencontre avec votre vieux sage

Voyage sur la montagne de votre être
Le pardon total et facile